AF399491

MAULBECK
PETRONELLA

EGY DISZLEXIÁS–DISZGRÁFIÁS GYÓGYPEDAGÓGUS TÖRTÉNETE

A KÖZOKTATÁSI RENDSZER MINDKÉT NÉZŐPONTBÓL

novum pro

© 2022 novum publishing

ISBN 978-3-99107-561-5
Lektor: Sósné Karácsonyi Mária
Borítóképek: Irina Shisterova, Tuulijumala | Dreamstime.com
Borító, tördelés & nyomda: novum publishing

www.novumpublishing.hu

TARTALOMJEGYZÉK

ELŐSZÓ

Már több éve érlelődik bennem, hogy megírom saját történetem az oktatási rendszerben, munkában és az életben. Érdekes tény, hogy mikor eljátszadoztam a gondolattal, mindig egy szerelmi válságon mentem keresztül, s ez most sincs másképp. Talán az, hogy a kedves volt párom azt vágta a fejemhez, hogy nekem semmi életcélom nincs, csak vagyok… Elkezdtem ezen gondolkodni, hogy tényleg, ez a sok erőfeszítés, amin az életemben átmentem, ez semmi, nem látszik, mi is az életcélom. Hát nem látja a környezetem, mi az, és hogy ez az egy elég, nem kell több, mert boldoggá tesz? Lehet-e szebb életcélja egy embernek, egy gyógypedagógusnak, minthogy mindennap azzal a tudattal kelhet fel, hogy segít a sorstársain, segít nekik példát mutatni, hogy igenis ki lehet törni a megbélyegzésből, én igenis átérzem, min mentek keresztül? Szerintem nem. Igen, az az életcélom, hogy segítsem a sorstársaimat, hitet adjak számukra, hogy van további lehetőség, és igen, ez boldoggá tesz. Igen, még nagyon sok célom van a pályámon belül, ami egy élethivatás is egyben. Sajnálom, ha ezt valaki nem látja, vagy nem tartja fontosnak, de ez kellett ahhoz, hogy ez a könyv, amit ma elkezdtem írni, megszülethessen. Ki lesz-e adva? Ki tudja? Ki tudja, valakit érdekel-e az, amit meg akarok osztani veletek, de ha meg sem próbálom, már vesztettem.

Nos, akkor legyen a következő célom, hogy megszülethessen ez a könyv, eljusson sok-sok diszlexiás-diszgráfiás gyerekhez, felnőthöz, és motivációt nyerjenek belőle!

Tarts velem, ha kíváncsi vagy!

KISGYERMEKKOR

Nagyon szerencsésnek mondhatom magam: egy szerető család második gyermekeként születtem egy kis faluban. Mivel személyazonosságomat nem szeretném kiadni, a lakhelyem legyen Regefalva (egyik kedvenc sorozatom alapján), a nevem pedig legyen a bérma-keresztnevem, amelyet akkori barátom választott nekem, azóta sem használtam: Blanka. Tehát második gyermekként születtem, van egy bátyám, Erik, aki az egyik példaképem az életben, ezért még nagyon sokat fogtok róla hallani már az elején. Mi úgy éltünk, hogy édesanyám, Angyal – szakmája szerint bolti eladó –, aki ekkor otthon tartózkodott gyesen, általában a faluban dolgozott több kisebb boltban. Édesapám, Tóni, a helyi erdészetnél dolgozott, ő volt a kenyérkereső, ő tartotta el a családot. Mi a mama házában éltünk – ott élek ma is.

Felnőttfejjel visszagondolva azt mondanám, hogy egy átlagos életet éltünk: nem voltunk gazdagok, nem voltunk túl szegények sem, mindig megvolt, amire szükségünk volt. Eleven kisgyerek voltam, szüleimnek meggyűlt velem a gondja, és most írhatnám, milyen jókat játszottunk a faluban, de ez nem tartozik szorosan a történethez.

Most jöjjön a szakmai énem visszatekintése a gyerekkoromra. Hoppá, máris mást látok. Látok egy sérült gyermeket a családban, akit mi sosem neveztünk így, és a mai napig nem tartom annak saját testvéremet, Eriket, aki vízfejűséggel született. Ez nekem annyit jelentett, hogy tudtam, bátyám fejét műtötték. Nem szabad megütni, védelmezni kell, kicsit visszahúzódóbb, és anyával gyakran járnak kórházba. Most máshogy látom. Ez természetesen a tapasztalásnak köszönhető és nem annak, hogy máshogy gondolkodnék bátyámról; ő mindig az én pici bátyám marad, akire vigyáznom kell.

Van egy anya – sérült gyermek-kapcsolat azok sajátosságaival; a burokban nevelés, a túlféltés stb. A bátyám nagyon szerencsés: ő ezt a betegséget a legjobb prognózissal hozta le. Az orvosa mindig azt mondta: ilyet egész praxisa alatt nem látott, és mindenhol a bátyám esetével dicsekedett. Ugyanis Erik rendes iskolába járt, leérettségizett, majd szociális munkás lett, jelenleg a mester diplomáján dolgozik. Értitek már, miért is ő a példaképem? Talán annyi gondja maradt neki, hogy ő is diszgráfiás és diszlexiás, mint én.

Tehát életem első pár hónapja… Kb. olyan 8 hónapos lehettem, bátyámnak pont akkor volt egy shuntos műtétje. Anya természetesen mellette volt a kórházban, mi mamával maradtunk otthon, aki mindennap bevitt a kórházba szoptatásra. Apa meg természetesen dolgozott, és munka után ment a kórházba. Ez így ment egy hónapig, majd amikor hazakerültek a kórházból, bátyámra természetesen nagyon kellett vigyázni, hogy semmi fertőzés ne érje, semmi baja ne legyen, így hát kicsit még nélkülöznöm kellett őt és anyát. De nem bánom, hisz' egy olyan testvérem és anyukám van, amilyen nagyon kevés embernek adatik meg. Nyolc-kilenc hónapos korban egy csecsemőnek sokat kell fejlődnie, el kéne kezdeni gagyogni stb., de az anyai szeretet akkor nem érzékelte ennek hiányát.

Ám mikor anyának már volt rám ideje, elkezdett értem aggódni: ez a lány nem beszél. Miért nem beszél? Talán süket? (Apukám testvére siketként született. Itt szeretném megjegyezni, hogy megszülettem annak ellenére, hogy anyának azt mondták: lehet, hogy Down-szindrómás leszek, mert magas a határérték – ha jó hétben mérték. (Mamám testvére Down-szindrómával született.) Volt már egy beteg fiuk, mégis akartak engem, megtartottak, szerettek és óvtak. Szeretetre neveltek a fogyatékos emberek iránt, hisz' többszörösen érintett volt a család. Mindig azt mondták: úgy kell mindenkit elfogadni, ahogy van. Még ma is nehezen megy, de meg fogom csinálni, mint mindent az életben.

Hála istennek kiderült, hogy siket nem vagyok, de egészen hároméves koromig nem beszéltem.

ÓVODÁSKOR

Óvodába Regefalva kis egycsoportos intézményébe jártam. Amikor én megérkeztem, a bátyám akkor ment iskolába, így nem voltunk együtt. Az óvodában javasolták a logopédust, ugyanis bár már beszéltem, elég pösze voltam. Logopédushoz a közeli város, Kalap helyi gyógypedagógiai intézményébe kellett bejárnunk. Az első évben jó volt, mert volt két fiú, és az egyik papája vitt minket általában.

Az utolsó évben engem is visszatartottak az óvodában. Indok volt elég: túl kicsi vagyok, nem bírnám el a táskát, nincs is meg minden hang, nehéz lenne az olvasás, sőt a logopédus közölte: hétéves kor előbb senkit se küldene iskolába. Így hát maradtam még egy évet. Ekkor már egyedül jártam logopédiára, anya vagy mama vitt a busszal. Gyalogoltunk fel Kalap község „piros iskolájába", aminek a színe is az volt, de azért hívták úgy, mert a fogyatékosok, a piroslaposok jártak oda. Néha a folyosón ülve elméláztam azon, vajon ezek a gyerekek őrültek, vagy miért vannak ott? Nem értettem; néha olyannak tűntek, mint mindenki más, de néha rosszak voltak vagy kiabáltak.

Volt közülük egy kislány, aki idősebb volt nálam, már iskolás. Az anyukája ott várta mindennap, és ezeken a napokon együtt mentünk haza egy busszal, mert Regefelván túl laktak, egy számomra jelenleg *Átkozott hely*nek nevezett faluban. Ez a lány aranyos volt, kedves és csupa szeretet, olyan volt, mint a Down-os nagynéném, aki az utcánk végében lakott. Nagyon jókat beszéltünk, játszottunk együtt hazafelé, amíg anyukáink beszélgettek. Soha nem fogom őt elfejteni, bár lehet, ő nem is emlékszik rám. Egy csupaszív lány volt, aki feltétel nélkül bízott bennem. Ugye, milyen ritka ez manapság?

Különösebben nem szerettem óvodába járni. Nem tudom, miért, de csak negatív emlékeim vannak, amikor visszagondolok rá. S az élet milyen furcsa: most gyógypedagógiai óvodában dolgozom óvónőként. Az óvónőimre most már szeretettel gondolok, de akkor nem kedveltem őket. Volt olyan, hogy nem keltem ki az ágyból, hogy ne kelljen menni oviba. Vagy hazaszöktem. Anya jött velem szembe, gyorsan bebújtam a farakás mögé, így anya nem vett észre. Aztán nagy cirkuszt rendezett: megy a gyerekért, gyerek sehol. Kerestek mindenfelé, én meg otthon ültem a hintaágyon.

Hát igen, talán említettem már, nem voltam mintagyerek. Vannak még ilyen emlékeim: lelökök gyereket a hintáról; nekilöknek a babaháznak, az egész hátamról lejön a bőr; ledobok egy kisebb gyereket a lépcsőről, mert kinevetett, hogy szerinte csúnyán rajzoltam. Egy szó mint száz: nem voltam jó gyerek. Miért? Talán mert nem értette meg senki, ahogy beszélek, csak anya meg a bátyám otthon. Mert mindenben ügyetlen voltam, csúnyán rajzoltam, nem tudtam énekelni. Minden barátnőm elment iskolába, én meg maradtam…

Tehát nem volt olyan jó az óvoda, de azért túléltem. Nem sok mindent csináltam ott, de otthon igen: több fejlesztőkönyvet „kinyírtam", amíg anya a bátyámmal tanult, mert én is akartam, hogy foglalkozzanak velem.

ÁLTALÁNOS ISKOLA

Általános iskolába is a helyi, regefalvi iskolába jártam, amiről annyit érdemes tudni, hogy mivel falusi iskola volt, a falu íratlan szabályai voltak rá igazak: csak az lehetett okos, jó tanuló, akinek az anyukája is az volt, vagy akinek a szülei tehetősek és befolyásuk volt a faluban. Mert ugye Regefalván mindenki ismert mindenkit. Elsőben még szép volt az élet, ennek ellenére – mily meglepő! – iskolába sem szerettem járni; második héten mindent összepakolva mentem haza, hogy én oda többet nem megyek.

„Természetesen" megint volt egy kisfiú az osztályban, aki beszólt, milyen csúnyán rajzolok, és nekilöktem a táblának, majd fogtam mindent, összepakolva hazamentem. Ja, hogy órám volt? Még nem érdekelt.

Igazából a suliban sosem voltam rossz tanuló, de túl jó sem. Anyának feltűnt, hogy cserélek pár betűt, főleg a magánhangzókat. A tanárnő válasza erre ez volt: „másoljon sokat, olvasson sokat, elmúlik". Ettől fogva anya, aki mindig törődött a gyerekeivel és otthon volt gyesen, mert a bátyám betegségével volt rá lehetősége, mindennap egy oldalt másoltatott velem. Ugye biztosan nagyon örültem neki? Szerintetek használt? Persze, amíg tudtam koncetrálni, de utána nem. Szépen állandó tagja lettem a könyvtárnak is és mindig hoztam egy könyvet olvasni. Rengeteget olvastam, még a misén is én olvastam fel a példabeszédet. Volt, amikor nagyon szépen ment, de ha tévesztettem is, szebben olvastam, mint a pap.

Ahogy a bátyám is idősödött, vele is lettek problémák. Ott is jelzett anya, de vajon milyen választ kapott a tanárnénitől?

„Angyalkám, téged tanítottalak a napköziben, te sem tudtál jobban írni, mit vársz a fiadtól? Jó neki a hármas." Miért is? Tehát ezek után mi nyelvtanból hármasok voltunk.

Hiába tudtuk az összes szabályt akár visszafelé is elmondani, alkalmazni nem tudtuk.

Mi ebbe bele is törődtünk, szépen éldegéltünk az iskola mindennapjaiban. Bátyám első „pofonját", amit sosem tudott a család feldolgozni, akkor kapta, amikor hetedikes korában újból műtétre került sor, s hiányzott az iskolából két hónapot.

Az osztálytársai nem látogatták meg, csak egy kislány jött, hozta a házit szorgalmasan. Bátyámat sajnos mindig kiközösítették, csúfolták a vágásai miatt, és hogy a bal kezén csak négy ujja van. Már az óvodában sem fogadták el: az egyik kislány kezét nem foghatta meg, mert „okos" szülei azt hitték, elkapja, és utána neki is négy ujja lesz. Hozzáteszem, művelt szülőkről volt szó. Nem hívták meg születésnapokra, még az sem, akit a legjobb barátjának hitt. Mit mond ilyenkor a szülő? Bármit mondhat, még most is fáj nekem is, ha visszatekintek rá. Sokszor a gyerekek a legkegyetlenebbek. Aztán hetedikben év végére négy tanulónak lett ugyanolyan az átlaga, ami a harmadik legjobb átlagnak számított az osztályban – ám csak egy jutalomkönyv volt.

Igen, az egyik a bátyám volt, aki két hónapot hiányzott, mellékesen diszlexiás-diszgráfiás volt, amit persze akkor nem tudtunk. Azt hiszitek, ő kapta a könyvet? Nem, nem, egy másik fiú, aki mindig vitt virágot az osztályba... Lehet, hogy a bátyám is vitt volna, ha tudott volna iskolába járni.

Tehát Eriknek igen nehézkesek voltak az általános iskolai évei, de rám mindig számíthatott, hisz' én, ha kellett, megvédtem azoktól, akik bántották.

Én az általános iskolában sohasem éreztem volna, hogy kevesebb lennék társaimnál, mert azért okos voltam, valljuk be. Hozzám jártak matekozni, mert én mindent egyből megértettem. Emlékszem, egy kis könyvből volt mindig a matematika témazáró. „A" és „B" csoportos volt – a nagy iskolában biztosan használták is, de mi mindig az A-t írtuk.

Kivéve engem, mert én unatkoztam és megírtam a „B"-t is. Így is ötös lett, mert persze így mind a kettőt beszámították. Ez sem volt valami jó pedagógiai módszer, de mindegy. A nyelvtant leszámítva minden jól ment, azaz... sajnos az énekhez, a technikához és a rajzhoz később sem volt tehetségem. A viselkedésem sem sokat változott: szinte minden évben kaptam beírást; úgymond minden „buliban" benne voltam. Jó sok sérüléssel voltam tele állandóan, ezekről is tudnék mesélni, de annyira nem fontosak.

Amikor én hatodikos lettem, bátyám középiskolásként már egy Paradicsom nevű megyeszékhelyre járt suliba. Ekkor szűnt meg a regefalvai általános iskola felső tagozata. Ehhez az a rövid történet tartozik, hogy igazából ötödikesek voltunk, amikor ez először felmerült. Ekkor két osztálytársam – akik a természetesen a felső rétegből valók voltak – átment a már említett Átkozott helyi általános iskolájába. Én is gondolkodtam rajta, hogy átmegyek, de ekkor jött az, hogy ha két osztály létszáma is tíz fő alá csökken, akkor az egész felső tagozat vándorol Átkozott településre. Külön behívattak a polgármesteri hivatalba, hogy nyilatkozzam, hol maradok, mert rajtam múlik a suli sorsa. Hoppá, hát nem igazán tudtam dönteni. Ki meri felvállalni, hogy miatta megy mindenki? A hetedik osztálynak így is, úgy is mennie kellett, mert tíz alá csúszott a létszám. Érdekes, hogy itt is csak rám akadtak volna ki, a másik két osztálytársamra, akik elmentek, nem.

Tehát így kezdtük meg a hatodik osztályt, hogy volt egy ötödik és egy nyolcadik osztály rajtunk kívül. Ekkor fogalmazódott meg bennem és családomban az, hogy Bogár városába menjek hatosztályos gimnáziumba, mivel két évre felesleges átmenni Átkozottfalvára suliba. Ekkor kezdték a tanáraim, hogy én, hatosztályos gimibe, matek szakon? Nana, azért annyira nem okos a lány, valami van az írásával is és, hogy itt jó matekból, de ott azért nagyon kemény, mert hát volt a falunkból több diák, aki oda járt.

Mi azonban nem adtuk fel: volt felkészítő a gimibe, elkezdtünk eljárni. Itt leírnék egy számomra felejthetetlen élményt, mert azóta tudom, hogy márpedig véletlenek nincsenek.

Első alkalommal mentünk, majd az autóval megálltunk a gimi előtt. Az autó áll, bent síri csönd, nagy izgalom, ki kell szállni, be kell menni az ismeretlenbe. Egy ilyen, kis faluból jövő lánynak már maga a gimi épülete ijesztő volt, hisz' csak hatodikos voltam. Egyszer csak kopogtatnak az ablakon: egy őszes bácsi, fekete bőrkabátban. Lehúzom az ablakot, ekkor megszólal:

– Kislány, te ide jössz?

Egy halk „igen".

– Remek, akkor bekísérlek, gyere velem.

Meghallva a hívó szót kiszálltam az autóból, az idegen bácsi kézen fogott és bekísért, közben azt mondta:

– Hidd el nekem, nagyon jó helyed lesz itt!

Én csak mosolyogtam. Bekísért oda, ahol a többiek várakoztak. Hála Istennek én könnyen barátkozó típus vagyok, így egy kislánnyal beszélgetésbe is elegyedtem. Ahogy társalogtunk – mert ő mindent tudott az intézményről –, szóba került egy matektanár, Macska. Mindenki rettegett tőle, de mindenki az ő csoportjába is akart bekerülni, merthogy „az a legjobb". Egyszer csak jött egy hölgy és egy bácsi – szerintetek ki volt az a bácsi? Igen, aki bekopogott az ablakon; nem volt más, mint Macska. Ekkor még nem tudtam, hogy jó hat évig boldogítjuk majd egymást. Lehetett választani az előkészítőn, hogy melyik csoportba menjünk, a hölgyébe, vagy Macskáéba. Szerintettek kit választottam? A kislány mellettem csak is Macska csoportjába akart, én pedig mást nem ismertem, hát így beültem oda.

Mivel a felvételibe beleszámítottak a félévi jegyek, ezért mondanom sem kell, amiből csak négyesre álltam, abból azt kaptam – még matekből is. A legdurvább az volt, hogy már a tesitanár is azt mondta, hogy nem fogom bírni a gimit, merthogy heti öt tesi van ám ott, és nagyon kemény.

Azért valahogy eltelt az utolsó év is. Jártam a felkészítőkre, szorgosan gyakoroltam otthon. Német-előkészítőre is jártam – jól is tettem, mert rém gyenge voltam belőle mindig is, és valahogy sohasem szerettem, bár ennek okát akkor még nem tudtam. Az utolsó ballagáson, amit Regefalván tartottak, én tartottam a nyolcadikosok tablóját és megértem azt, amit hat év alatt egyszer sem: könyvjutalmat kaptam tanulmányi eredményemért. Így zártam itteni pályafutásomat, ami azért nem volt egyszerű: minden évben volt egy beírásom, mindig beszéltem órán, nem voltam igazán a tanárok kedvence.

A GIMI

Aki Bogáron járt suliba, az csak így nevezte a helyet, hogy „gimi",
tehát ezt megtartom. Ahogy említettem, a gimivel való kapcso-
latom hatodikban, az elkészítővel elkezdődött.

Az elkészítős történetnek annyi a vége, hogy az újdonsült
barátnőm – akinek, becsülettel bevallom, a nevére sem emlék-
szem, mert végül nem vették fel ide, csak az unokatestvérét –
hatására kinek a csoportjába kerültem előkészítőn? Igen-igen,
a Macskáéba. Ott már furcsa volt; mindenki különböző megyei
matekversenyekre járt, meg országos matekversenyeken ért el
eredményt, én meg ott ültem Regefalváról, mint a legjobb ma-
tekos az osztályból. Nagyon nagy hátrányból indultam, de már
itt megmutatkozott küzdőszellemem. Minden egyes héten úgy
mentem oda, hogy valahogy, de azért is megcsináltam a házi
feladatokat, vért szenvedtem, de annyira meg akartam mutat-
ni a regefalvai tanáraimnak, hogy igen, én meg tudom csinál-
ni, már csak azért is. Meg az egyik apukának, aki azt mondta
ötödikben, hogy „majd meglátjuk, mi lesz a lányainkból öt év
múlva", és hogy „én előbb átviszem az átkozottfalvai iskolába".
(Megjegyzem: ő jogi asszisztens OKJ-s bizonyítvánnyal, Pes-
ten titkárnő, nekem két diplomám van és imádom a munkám).

A német-előkészítőt a leendő osztályfőnököm tartotta. Ara-
nyos, kedves nő volt, de hát a német nem volt erősségem. Azért
küzdöttem ott is minden erőmmel.

Sikeres felvételi után már sok barát kíséretében kezdtem el
a gimit. Nagyon örültem, hogy felvettek. Az első évben nagyon
fáradt voltam, nagyon sokat kellett tanulni. A német nagyon
nem ment, a leggyengébb voltam belőle, de év végére így is egy
4,2-ős átlagot tudtam produkálni, ami életem legrosszabb át-
laga volt. Az első évben volt baráti társaságom is, nagyon élvez-
tem, és szerettem oda járni.

A nyolcadik osztályban kezdett egyre furcsább lenni a hely-
zet. A történelemtanár elkezdett állandóan panaszkodni, hogy

nem értelmes az esszém. Szóban olyan jól elmondom, az idegen szavak viszont ott sem mennek, betűket cserélek, átköltöm stb. Elkezdődött a kálváriám egy új világban... hahó, hogy is lettem diszes? Valaki segítsen!

Tehát egyszer csak arra lettünk figyelmesek, hogy anyát behívatta a történelemtanár (aki a történelemhez nem igazán értett, ezért mi, tanulók kértük a leváltását, hogy érettségizni szeretnénk, adjanak új tanárt), és elkezdte neki ecsetelni, hogy szerinte diszgráfiás-diszlexiás vagyok, el kellene menni egy vizsgálatra.

Mivel gimis voltam, a vizsgálathoz kérték több tanárom véleményét is. A magyartanár leírta, hogy borzalmas a helyesírásom, de különösebb problémát nem tapasztal. A biológiatanár teljesen kiakadt, azt mondta anyukámnak, hogy az osztályban van nálam sokkal rosszabb helyesíró, és amúgy meg mindent tudok. Elindult a kérelem.

A gimi egy másik megyéhez tartozott, mint ahol én laktam, innen is kezdett egy kicsit bonyolódni a helyzett. Akkor sem voltak a pedagógusok felvilágosítva, ilyenkor mit is kell tenni, így elkerültem a bogári nevelési tanácsadóba – akkor még így hívták.

Bizony, engem a kalapi nevelési tanácsadóba kellett volna küldeni, de ez természetesen csak a vizsgálatkor derült ki. Visszagondolva az első vizsgálatomra Bogáron, a szakmaiságnak halvány fénysugarát sem látom benne. A bogári nevelési tanácsadó a 3. számú általános iskolába működött, ahova úszni is jártunk a gimiből, így legalább tudtam, hova kell menni.

Egyetlenegy teremből állt a vizsgálóhelyiségük, ez jelentette az egész nevelési tanácsadót; több kisebb helyiség volt, de igazából egy tér, mindent hallottál. A szünetben a gyerekek zajongása behallatszott a vizsgálat közben. A vizsgálati időpontot délután háromra kaptuk, ami szerintem alapból nem egy jó időpont, de hogy mivel én már gimibe járok, gondolták, délután háromkor is tudok figyelni. Ami még kicsit nehezítette ezt az egészet, hogy év vége előtt voltunk pár héttel, ilyenkor ugye mindenhol nagy a hajtás. Nálunk pont belső vizsga volt nyolcadik év végén, ami azt jelentette, hogy az érettségi tárgyakból „kis érettségit" tartottak, „szokjuk a helyzetet" címmel. Ami – később kiderült – igen hasznos volt, viszont a szóbelit úgy kell elképzelni, mint érettségin: az összes tantárgyból egy nap, beülsz és húzod a kis tételeket, a végén meg eredményhirdetés, olyan kb. 14.00 óra felé. Igen, jól sejtitek, voltam olyan „szerencsés", hogy pont erre a napra kaptam időpontot a vizsgálatra.

Anya bejött a vizsga végére. Hála istennek jó eredményeim születtek, csak matekból nem, de hogy miért, nem értette senki. Jó adag stressz nyomta a vállamat. Félévkor négyes voltam matekból, második félévben geometriát vettünk, amit imádtam és csak ötösöm volt. Macska azt mondta, hogy ha négyes a belső vizsgám, négyes leszek, ha ötös, akkor ötös, erre írtam egy kettes belső vizsgát.

A giminek volt egy szabályzata, miszerint maximum egy jeggyel térhet el az év végi a belső vizsga eredményétől, csak nagyon indokolt esettben két jeggyel. Ezek után küzdhettem a négyesért; minden hátralévő órán (mindennap volt matekom) feleltem matekból a táblánál, mindenki előtt. A többi jegyem négyes-ötös volt, ahogy vártuk is.

Így indultunk el ketten anyával a vizsgálatra. Egy kedves, szőke nő fogadott, a nevére már nem emlékszem. Gondolom, a szakértői papíron megnézhetném, de azt úgy eltüntettem, hogy ne is lássam: nagyon negatív emlék maradt bennem.

A vizsgálat kezdetekor, amikor az anamnézisfelvétel volt, a nő kiakadt, mit keresünk itt, ha mi másik megyébe tartozunk. Így azt sem tudta, elvégezze a vizsgálatot vagy se, összevissza telefonált. Végül abban maradtak, hogy elvégzi a vizsgálatot és majd a paradicsomi szakértői bizottsághoz lesz továbbítva, ha arról van szó, hogy diszlexia-diszgráfia. Az anamnézisnél anya beszélt, megemlítette, hogy bátyám is diszgráfiás, amit a paradicsomi nevelési tanácsadó határozott meg, de őt további vizsgálatra nem küldték. Így máris pozitív a familiaritás. Utána jött a MAVGYI-R intelligenciateszt felvétele, ahol elég gyengén teljesítettem, azóta is ez van a szakértői papíromban: délután háromkor, egy csomó vizsga után sikerült egy 90-es IQ-t mérnie. Ekkor a nő megijedt kicsit, hogy biztosan jó intézménybe járok-e, merthogy ez azért alacsony egy megye-első gimihez képest. Mondjuk én is mondtam hülyeségeket, mivel annyira ő sem volt topon. „Mi az ABC?" „Általános beszerzési cikkek." (Tudjátok, anyukám boltos). Mi a kutya? Egy állat. Ez nem a koromnak megfelelő válasz volt; hát igen, valahogy nem volt kedvem délután háromkor, a forróságban, mert ugye ez már nyár elején volt, azt mondani, hogy „négylábú háziállat, emlős, amely a házak őrzésére szolgál" stb. De ez azt jelenti, hogy nem is tudom? Na, mindegy, a következő az áramlatokról szóló szöveg volt, amelyhez szövegértési feladatok tartoztak.

Mivel a földrajzot mindig is szerettem, kb. úgy megoldottam a feladatokat, hogy el sem olvastam a szöveget. Egyből az összes választ tudtam. Egy-két rajzteszt volt még, de mivel soha nem tudtam rajzolni, nem sok kedvvel teljesítettem. A vizsgálat végén megbeszéltük az előzetes eredményeket, amely sokként ért engem is és anyut is. A hölgy kedvesen mondta, hogy itt mindenképpen organikus elváltozásról van szó, további vizsgalatokra van szükség, így továbbítja az anyagomat paradicsomi szakértői bizottsághoz és ott is megvizsgálnak. Jó lenne, ha elgondolkodnánk az iskolaváltáson. Van Gyertya községben egy speciális gimnázium diszgráfiás-diszlexiás tanulóknak, lehet, azt kellene megpróbálni, ott jobb lehetőségeim lennének. Gyertya községgel csak az volt a baj, hogy nagyon messze volt, onnan ide, Bogárra jártak osztálytársaim, akik kollégisták voltak, így nekem sem lett volna más választásom. Elég sokkoló volt ezt így hallani, amikor a matek miatt jöttem ide, itt vannak a barátnőim, a barátom. Jézusom, mi történik? Én hülye lettem hirtelen? Most mi van, eddig jó voltam rendes iskolába? Csak úgy kavarogtak bennem az érzelmek és a kétségbeesés.

Kaptunk a vizsgálatról egy egylapos iratot. Tudjátok, az egylapos, ami semmire sem jó, csak ott egy diagnózis, egy kód, egy BNO-kód, ami a szülőnek és a gyereknek annyit mond, mint egy rendszámtábla. Egyelőre kijelölt iskolának maradt a gimi. Másnap anya eljött velem, bevittük a gimibe a papírt, leültünk az osztályfőnökkel beszélni, aki épp állapotos volt és már csak pár hete volt vissza a suliból, azután ment gyesre.

Nem igazán értette, mi is van leírva, ő még ilyennel nem találkozott, de azon kiakadt ő is, hogy új iskolát ajánlottak. A biológiatanárom nagyon szeretett, ő érdeklődve jött utánunk a folyósón, hogy mit mondtak. Teljesen kiakadt a Gyertya városi intézménytől, hogy azt ajánlották. Azt mondta, akkor a fél osztály mehetne, ha a Blanka oda való. Ő mondta először, hogy ebbe nem kell feltétlenül beleegyezni, meg hogy itt a gimiben is van ám diszes gyerek rajtam kívül is. Ez egy kicsit megnyugtató volt, így a sok sokk után. Amikor leültem a barátnőimmel és az akkori barátommal beszélgetni erről a témáról, mi is volt, vegyesek voltak a reakciók. A barátom, aki az osztálytársam is volt, teljesen kiakadt, hogy új sulit ajánlottak, főleg olyat, ahol kollégium kellene. Ő akkor meg fog őrülni, mit fog ő nélkülem csinálni, hisz' halálosan szerelmes belém. Ugye, azóta már hallottam párszor ezt a mondatot. A két akkori legjobb barátnőm – mivel utána sok minden megváltozott az életemben – szülei között volt tanár. Bíborka egyértelműen azt mondta, nekem semmi keresnivalóm más suliban, hisz' tök okos vagyok és szorgalmas, ami nagyon sokat jelent. Emília már mást mondott: szerinte érdemes megfontolnom, mert nagyon sok jót hallott a suliról, és lehet, hogy könnyebb lenne ott. Ekkor még nem tudtam, miért mondta ezt.

Tehát a nyolcadikos év végét így zártam: tele kétségekkel, hogy mi lesz szeptembertől. Maradhatok-e itt, mikor hívnak be vizsgálatra, és közben próbáltam egy jó átlagot összehozni, mert a tanulás mindig is fontos dolog volt az életemben. A szomszéd néni mondta mindig: „Blanka, amit megtanulsz, azt soha nem tudják tőled elvenni, de minden mást igen."

A NAGY SZAKÉRTŐI VIZSGÁLAT

A vizsgálatra 2007 novemberében került sor, s a szülő kérte a sajátos nevelési igény megállapításához. A vizsgálatkor az életkorom 15,8 év volt – igen, egy majdnem 16 éves, serdülő lányt vizsgáltak. Ekkor ugye már kilencedikes voltam. A vizsgálatot nagyon nehezen éltem meg. Ekkor én már nagy voltam, de a várakozást nem bírtam, a feladatok elég gyerekesnek tűntek számomra, így volt, amit nem is csináltam meg.

Rajzolj egy embert! Közöltem, hogy nem tudok rajzolni, és rajzoltam egy pálcikaembert. Aki ismeri ezt a tesztet, tudja, hogy így konkrétan értékelhetetlen. A másik, amit elutasítottam, hogy „itt vannak szőnyegdarabok, helyezzük bele, melyik illik oda". Gondoltam magamban, ne nézzenek dedósnak – akkor valahogy nem tudtam, hogy ez egy híres intelligenciateszt. Amire nagyon emlékszem, hogy ültünk kint a váróban. Az egyik fiú alsós lehetett, őt ismertük, mert apukám falujából valók voltak, vele beszélgettünk sokat. Volt egy kislány, nagyon szép szőke, mindig odajött hozzám, velem akart játszani, de sokszor elesett. Az anyukája elmondta: epilepsziás, egy nap több rohama is van. Azt akarják, járjon iskolába, de ő nem akarja.

Talán ekkor fogalmazódott meg bennem először, hogy én ilyen kis aranyos gyerekkel szeretnék foglalkozni, de ezt gyorsan el is engedtem, amikor belépett a váróba egy nagyobb fiú, aki már majdnem annyi idős lehetett, mint én. Már nem emlékszem, hogy tudott-e beszélni. Az a kép van meg bennem erősen, hogy leült egy régi írógép mellé, ami ott volt, hogy játsszanak vele a gyerekek, amíg várakoznak. Elkezdte ütögetni és nem értette, hogy ha lenyomja, miért megy fel egy szár a másik oldalon, meg miért pont az. Próbáltam neki magyarázni, de nem sikerült.

Visszaültem anya mellé és azt mondtam neki: „Anya, mit keresek én itt, ilyen gyerekek között? Én nem vagyok hülye, és nem vagyok fogyatékos, menjünk innen!" Természetesen nem mentünk el. Minden vizsgálati helyen mi kerültünk be utoljára; azt mondták: „Jaj, te olyan értelmes kislány vagy, ugye tudsz várni?" És csak vártunk, vártunk és vártunk. Szörnyű volt, arra emlékszem, hogy már a fejemet ütöttem a falba. Közben jöttek ki a gyerekek sorban, mesélték, milyen feladatok voltak. Gondoltam, ha velem is ilyen lesz, be sem megyek. Végül bekerültünk az orvoshoz, ahol megállapították, hogy a szemem nem jó, nem igazán látom a látásvizsgáló táblát, ezért további szemészeti vizsgálatot ajánlottak. Majd bekerültem a pedagógiai vizsgálatra. A hölgy nagyon kedves volt – talán túl kedves is, nekem olyannak tűnt, mintha egy hülyével beszélt volna. Itt volt az, hogy rajzoljak egy embert, aztán egy fát. Mivel nekem azt mondták, egy fát, gyorsan rajzoltam egy fát, mire a hölgy:

– Magányosan fog ott állni? Semmit nem rajzolsz köré?

Én meg udvariasan közöltem vele, hogy ő azt mondta, egy fát rajzoljak, és amúgy sem szeretek rajzolni, mert nem tudok. Utána ebből vonták le, hogy antiszociális vagyok. Aki egy kicsit is ismer, tudja, az nem én vagyok.

Utána volt a kedvenc feladatom, amit egy életre megjegyeztem, az áramlatos. Kicsit meglepődtek, amikor ránéztem a feladatra és el sem olvastam, hanem a kérdésekre feleltem. Meg is kérdezték, hogy láttam-e már ezt. Igen, Bogáron is ez volt, plusz földrajzból dicséretes vagyok és a kedvenc témám – válaszoltam.

Az összes megoldás jó volt, sőt kiegészítéseket is tettem. Mondanom sem kell, hogy így értékelhetetlen a vizsgálat szempontjából. Ezután jött a kedvenc kérdésem, hogy gondom van-e a matematikával. Néztem, majd közöltem, hogy emelt szintű matematikai csoportba járok, tavaly az országos versenyen harmincvalahányadik lettem, és nem érzem, hogy gondom lenne vele. Ezután újból várakozás következett, közben tanácskoztak, milyen intelligenciatesztet végeztessenek velem, merthogy a MAWGYI-R megcsináltam Bogáron, és fél éven belül kétszer nem lehet.

Amikor újból behívtak, már dél felé járt az idő. Nagyon éhes voltam, fáradt, már csak menni akartam. Nem értettem, mit keresek itt – és jött a szőnyeges feladat. Az elején még lelkes voltam, aztán csak azt kezdtem kérdezgetni, hogy még mennyi van vissza, sosem lesz vége, így jobbnak látta a vizsgálatvezető, hogy az utolsó tízet már ne tegye elém. Majd újabb várakozás következett az eredményéért – tudjátok, az az egylapos, amit a szakmában csak így hívunk.

Végre minket hívtak.

Nézzük, mi szerepel az egylaposon: „Integráltan nevelhető a jelenlegi intézményben, felmentést kap a helyesírás minősítése alól, számonkérésnél a szóbeliséget részesítik előnyben, átlaglétszámnál két főnek számít, speciális fejlesztő-felzárkóztató foglalkozás: heti tanítási óra 15%." BNO-kód nem szerepelt rajta, elmondták, hogy diszlexia-diszgráfia és ebbe bele is nyugodtunk, mivel előtte pár évvel a bátyám is ugyanezt kapta.

Örültem az eredménynek, hogy nem kell másik iskolába mennem, és nekem ez volt a legfontosabb akkor. Bevittük a papírt az iskolába, és körülbelül a történet itt is végződött.

Megérkezett a részletes szakértői vizsgálat eredménye is, amit természetesen elolvastunk, bevittünk a suliba, és egy év múlva elküldtek egy felülvizsgálatra. Mi nem elemeztük, mit is ír, nem is igazán érdekelt. De most – a könyv teljessége miatt, és természetesen a megszerzett tudásommal – elemezzük. Felhívnám az olvasók figyelmét, hogy én ezekre a következtetésekre már csak a gyógypedagógiai tanulmányaim során jöttem rá.

Ahogy említettem, a szemészeti vizsgálatot ajánlották, amely utána meg is történt, azóta hordok szemüveget.

„A vizsgálati helyzetet elfogadja, együttműködési készsége megfelelő. Munkavégzése motivált. Figyelmét a feladatokra koncentrálja." Van benne igazság – majdnem 16 éves voltam ekkor –, de ahogy fentebb elolvashattátok, hogyan is viselkedtem a vizsgálati helyzetben, nem biztos, hogy én így fogalmaztam volna.

„A bogári Nevelési Tanácsadó 2007. május-júniusi MAWGYI-R teszttel végzett intelligenciavizsgálat alapján intellektusa az átlagos övezet alsó határán helyezkedik el. Intelligenciaprofilja alapján teljesítménye hullámzó, igen szórt, a vizuális felismerés és szervezés terén nehézségeket jelez." Aki ismeri a teszt felépítését, az tudja, hogy a vizuális feladatok, memóriamunka-feladatok vannak a teszt végén. Csoda, hogy délután négykor már nem igazán tudtam teljesíteni?

„Jelen vizsgálatunkban Raven-teszt alapján mért IQ: 90, értelmi fejlődése átlagos ütemű." Még véletlenül sem, egy félmondatban sem jegyezték meg, hogy az utolsó tíz szőnyeg-behelyettesítést elutasítottam, sőt az egész feladatvégzés alatt motiválatlan voltam, többször visszakérdeztem, miért kell ezt csinálni. És milyen „okos" ötlet, hogy ha előtte tesztben a vizuális rész volt gyenge, akkor egy vizualitásra épülő tesztet töltetek ki a gyermekkel.

Az olvasás és írásvizsgálatot a Meixner-féle feladatlapokkal végeztük, amely a megkésett beszédfejlődés maradványtüneteként jelentkező, gyenge anyanyelvi helyesírási készséget igazolt. „Olvasása folyamatos, ismeretlen vagy hosszabb szavaknál azonban a szótagolás, betűzés szintjére tér vissza. Hibáinak száma: 24."

Hoppá, várjunk csak! Megkésett beszédfejlődés… Ugye mondhatnánk, nem foglalkoztunk vele, de ez nem igaz: emlékezzetek rá, anya már azt hitte, siket vagyok, vitt mindenfelé, de hát akkor nem kaptunk szakszerű segítséget. Majd bekerültem oviba, és hála istennek heti egyszer járhattunk egy logopédushoz, akire a mai napig szeretettel gondolok, és emlékszem a nyelvi gyakorlataira. Csak hát nem kellett volna ott megállni a történetnek, de megállt, egészen 16 éves koromig. Ha akkor egy Meixner-terápiára eljutok, talán ennyi sem marad vissza, mint így.

„Következetes betűcseréi: ő-ű, ő-ó, ú-ű. Egyéb, nem következetes betűtévesztései dzs-dz, ny-gy. Betűkihagyás, betűbetoldás, szóvégek elhagyása, inverzió is előfordul. Tévesztéseit nem javítja. Értelemzavaró tévedések előfordulnak. Értő olvasása megfelelő, hat értelmező kérdésből mindenre pontosan válaszol."

Sosem értettem, mi az a „következetes betűcsere", de nem is nagyon izgatott egészen addig, amíg Kalap község nevelési tanácsadójában nem töltöttem a negyedéves gyógypedagógus-gyakorlatomat, és hála istennek egy olyan jó gyakorlatvezetőhöz kerültem, aki a Meixner-terápiát igen magas szinten végezte.

Ott értettem meg, miért is ezeket keverem; szinte ugyanaz a képzési helye a szájban és a mozgás nem rendeződik megfelelően. Újra kell tanulni a mozgást, összekötni a betűvel és a hangzással: a hármasság. Hazamentem, és megtanítottam magamnak ezeket a magánhangzókat. Most már sokkal jobban megy. Nyilván most is tévesztem őket, de az biztos, hogy aki hozzám kerül és ilyen problémája van, a legjobb helyre jön. „Értő olvasása kiváló"… Nos, ezt nem vitatom, de megjegyezném, ez az áramlatos szöveg volt, amit ekkor már kívülről fújtam.

„Diktálás után ír, írásképe egyedi, kissé rendezetlen. Betűk alakítása, kapcsolása szabálytalan, időként nehéz megkülönböztetni egymástól a leírt betűket. Leggyakrabban a magán- és mássalhangzók időtartalmát érzékeli rosszul, de megfigyelhető betűkihagyás, betűbetoldás és tagolási hiba is. A tanult nyelvtani szabályokat nehezen alkalmazza.”

Szívesen írnám, hogy mára már ez sem igaz és gyöngybetűkkel írok, de nem. Valahogy sosem kérték tőlem az egyetemi jegyzeteimet, mivel azt csak én tudtam elolvasni. Érdekesség a hallás… Most végeztem el nemrég a Kulcsár Mihályné féle mozgásterápiát. Vajon ki lett volna jobb vizsgálati alany nálam? Panni néni kérdezte, van-e valaki, akinek gondja volt az olvasással-írással. Azt hiszitek, először egyből jelentkeztem? Nem, megint elfogott a szégyenérzet, ami ezzel jár; biztosan ismeritek, anyukák és sorstársaim. Hogy „kevesebb vagyok ettől”, „nem mondogatjuk”. De két tévedés után jelentkeztem, ám nem árultam el, hogy diszes vagyok. Panni néni mindenki előtt elvégezte velem a vizsgálatot. Ezután azt mondták, hős vagyok, és kielemeztek. Nos, a terápia kiválóan mér: a maradványtünetek ott voltak. Ja, hogy nem tudok mászni, hopp, és sorolhatnám. Nem baj, mert idén nyáron összeállítom a saját terápiámat és még most is tudom, hogy fejlődni fogok. De ami érdekes: a hallásom kritikán aluli, nem hallok háttal állva. Most az egyik kolléganőmhöz megyek, hogy végezze el rajtam a GMP hallásvizsgálatot. Nem hallok, nem jó a zenei hallásom…

Később akartam kitérni az egyik hobbimra, ami azért elég jelentős – most már annyira, hogy én tanítom a gyerekeket a néptáncra, aminél azért a hallás nem utolsó szempont. Igen, ritmusérzékem nincs, nagyon nagy koncentrációra van szükségem ahhoz, hogy egy műsort végigcsináljak, de csinálom, idestova már húsz éve. Természetesen énekelni sem tudok, de imádok.

Összegzés: „A vizsgálatot a szülő kezdeményezte sajátos nevelési igény megállapítása céljából. Az iskola kérésére, az írás során felmerülő gondok miatt, a tanulót a bogári Nevelési Tanácsadó 2007-ben már vizsgálta és mivel úgy látták, további vizsgálatokra lenne szükség, a Traktor Megyei Pedagógiai Szol-

gálathoz irányították. Bizottságunkhoz a fent említett Szak-
szolgálat révén került, ugyanis lakóhelye szerint a Bagoly Me-
gyei Tanulási Képességet Vizsgáló Szakértői és Rehabilitációs
Bizottság hivatott eljárni ezen ügyben. Anamnézise bizottsá-
gunk iratanyagában megtalálható. Kiemeljük belőle, hogy a 41.
héten, 3420 grammal született. Pszichomotoros fejlődése késést
mutatott. Hároméves kora körül kezdett beszélni, beszédhibás
volt. Óvodás korában logopédus foglalkozott vele. Jelenleg ki-
lencedik osztályos.

A részletes kórelőzmény, a fejlődésmenet elemzése, a megfi-
gyeléseink, valamint jelen komplex orvosi-pszichológiai-gyógy-
pedagógiai vizsgálataink során megállapítottuk, hogy Blanka
ép intellektusú tanuló, értelmi fejlődése átlagos ütemű. Sajátos
nevelési igényű tanuló, a megismerés fejlődésének organikus
okokra visszavezethető rendellenessége áll fenn, mely jelenleg
tanulási zavar, pontosabban olvasás- és írászavar formájában
van jelen, s hátterében az anyanyelvi, helyesírási készségek za-
vara áll. Az iskolában fokozott odafigyelésre, segítségnyújtásra
van szüksége. A megkésett beszédfejlődés maradványtüneteként
jelentkező olvasás- és írászavarai miatt javasoljuk a szóbeliség
előnyben részesítését számonkérésnél.

Diagnózis: Iskolai készségek kevert zavara
BNO kód: F81.3; O 80.0, F80.1
Javaslat: Számonkérésnél a szóbeliség előnyben részesíté-
se idegen nyelvnél, helyesírásból számonkérés, minősítés aló-
li mentesítés
Elsődleges fejlesztési irányok: Vizuális felismerés és szer-
vezés fejlesztése
Diszlexia és diszgráfia reedukációs készségek fejlesztése
Figyelem, emlékezet fejlesztése
Gondolkodási műveletek alakítása"
Az első talán, ami feltűnik most már így, hogy ennyit tanul-
tam, hogy az *iskolai készségek kevert zavarai*t kaptam meg, ami-
nek kritériuma az aritmetikai készségek zavara is, ami ugye a
matematika, én meg emelt szintű matematikai osztályban vé-
geztem. Végig azt hittem csak, hogy diszlexiás-diszgráfiás va-

gyok. A vizsgálati lapot elolvasva látható, hogy nincs is említés az aritmetikai képességekről... Ez a kód biztosan jobb volt.

A szóbeliség előnyben részesítése, de hogyan? Ez a legnagyobb problémája a mai iskolarendszernek. Nincs konkrétum leírva, akkor a szóbeli felelés dupla jegy? A témazárót szóban kérdezem, miközben a többiek ott ülnek, vagy ezek után nem is íratok a gyerekkel? Ugye, sorolhatnám még a problémákat...

A baj az, hogy én 2007-ben szembesültem ennek problémájával, és mostanra, 2019-re sem sokat változott a helyzet.

PAPÍRRAL A GIMIBEN

Most jönne az a fejezet, hogy milyen nagymértékben változott meg az életem a gimiben most, hogy már papírom van róla, hogy valahogy mégsem én tehetek arról, hogy rossz az írásom, hogy néha hülyeségeket beszélek. Úgymond „papíros gyerek" lettem – de jó! –, a mai szóhasználattal élve SNI-s.

Akkor, gyerekként azt mondtam volna, hogy semmi változás nem volt. Visszatekintve most már nem ezt mondom: ekkor kezdődött egy személyiségzavar, egy elfogadási zavar kialakulása önmagammal szemben, amely jelenleg is tart. A személyiségem nagyon sokat változott, a barátaim nagyon sokat változtak, és a tanáraim hozzáállása is. Akkor nem úgy érzékeltem, de most már igen. Sajnos nem mondhatom, hogy pozitív irányba változott volna a helyzetem. Először nagy lelkesedéssel bevittem a papírt, aztán rájöttem, ha plusz óráim lesznek, mikor is fogok én hazaérni? Hiszen így is mindennap hét órám volt a mindennapos testneveléssel és a matematika speccel. Később kiderült, kár volt ezen izgulnom, mert a titkárnő közölte velem, hogy nem vezeti fel a dokumentumot, mert több papírmunka, csak érettségi előtt, viszont következő felülvizsgálatnál kérjem, hogy az érettségire is vonatkozzon, mert csak akkor fogom megkapni a plusz kedvezményeket. Tehát papír lapult egy kis dossziéban, ami majd érettségi előtt lesz felvezetve.

Annyira nem is foglalkoztatott a dolog akkor, így hát plusz fejlesztésre nem jártam. Kilencedikben új osztályfőnökünk lett, ő is némettanár volt. Mivel én németből gyenge voltam, ezért nem az ő csoportjába kerültem, így nekem ő négy éven keresztül csak osztályfőnöki órákat tartotta. Ez főként németóra volt a németesek számára, ezért mivel szerdán, első órában volt, egy idő után megkérdeztem, hogy nem aludhatnék-e otthon inkább egy órával többet, ő meg beelegyezett. Mint látszik, mondanom sem kell, hogy a sorsommal nem igazán törődött. Annyit mondott, hogy év elején minden tanárnak mutassam meg a papírt és ők majd eldöntik, hogy mit csinálnak.

Így hát a következő két hetem arról szólt, hogy a tanároknak megmutattam: nézzétek, van egy ilyen papírom. Ennek mi lett az eredménye? Sejthetitek, hogy nem sok minden. Először is odavittem a magyartanárhoz. Ő legalább vette a fáradságot és elolvasta. Igazából mindig is szerettem az irodalmat – mert ő csak irodalmat tartott nekünk, a nyelvtant más.

Abban egyeztünk meg vele, hogy ugyanúgy megy minden – hiszen eddig is ötös voltam –, annyi változással, hogy nem javítja a helyesírási hibáimat, úgyis sok volt, és a fogalmazásokra nem kapok helyesírás-jegyet, csak a tartalomra és külalakra. Ha a dolgozatban valami nagyon nem érthető, megkérdezi, mit szerettem volna írni. Nála úgyis sokat feleltünk szóban, így abból sem volt gond, hogy úgy nem hallott. Nagyon megörültem én ennek is.

Mivel tudta, hogy sokat olvasok és szeretek is, ajánlott egy versenyt is, ahol 100 könyvről, amit elolvastunk, kellett könyvajánlót írni, amiért Téka-diplomát lehetett kapni. Mondjuk ez biztos abból az időből maradt vissza, amikor általános iskolában azt ajánlották, hogy sokat olvassak, és állandó látogató lettem a könyvtárban. A mai napig, ha van egy kis szabadidőm, szeretek olvasni, és nem csak szakkönyveket. Miután megszereztem második diplomámat, egész könyvsorozatokat olvastam, csak saját magam szórakoztatására.

A nyelvtantanárnak is megmutattam, ott már érdekesebb dolgot hallottam. „Az én fiam (aki az osztálytársam volt) alaki diszgráfiás, egymásra írja a sorokat, észre sem veszi, de nem vittem el vizsgálatra, mert ha felmentést kapna, még ennyire sem figyelne oda az írásképére. Szerintem neked sem kellett volna megcsináltatni, ez csak egy bélyeg lesz örök életedben, amit nem tudsz majd levetkőzni."

Ekkor nagyon meglepődtem. Bélyeg? Nem fogom tudni levetkőzni? Miért vetkőzném le? Nem értettem, miért ne lenne jó Áronnak, ha neki is lenne papírja. A matektanárt nagyon zavarta, ahogyan ő írt. Olyan rendszerünk volt matekon, hogy úgynevezett szorgalmi feladatokat adott a tanár úr, amit külön A4-es fehér lapra írva kellett beadni, amikért pontok jártak, a pontokért meg ötösök. Igazából kötelező volt, mert aki nem csinálta meg, az azt vette észre, hogy kint van a táblánál és ott kell megoldania. Így hát csináltuk – én olyan szintre jutottam, hogy külön matektanárral, de erről később.

Szegény Áron is csinálta, de mivel csúnyán írt, meg egymásra, így sokszor nem tudta Macska elolvasni, amiből az lett, hogy hiába volt jó az eredménye, pontlevonást kapott érte. Nagyon sajnáltam mindig, mert tehetséges fiú volt. Nos, mit csinál egy ilyen jószívű ember, mint én? Elkezdtem gondolkodni a helyzeten. Ha Áronnak is lenne ilyen papírja, akkor Macska nem vonhatna le tőle pontot és sokkal több ötöst szerezhetne.

Ezért egyik szünetben odamentem Áronhoz és felvilágosítottam róla. Áron mindig is lázadó természetű volt, így ő már a következő matekórán közölte Macskával a tényállást, hogy ő alaki diszgráfiás és nem tehet róla, ezért nem vonhat le tőle pontot. Macska nem így gondolta.

Egy; nem volt róla papír, kettő; azt mondta, egy matematikusnak is tudnia kell szépen írnia, mert ha senki nem tudja elolvasni az eredményeit, akkor azok nem lesznek elég hitelesek. Mondanom sem kell, hogy ezek után nem lettem a kedvence a nyelvtantanárnak. Macskának sem mertem odavinni a papíromat, nehogy nekem is valami ilyet mondjon. Meg is kaptam az első bélyeget. Ezután már úgy éreztem, nem jó ezzel dicsekedni, valami nem stimmel velem, valamit elrontottam, már nem vagyok az a tökéletes, jó tanuló kislány, aki előtte.

Természetesen az osztályban is híre ment ennek. Voltak, akik úgy gondolták, direkt akartam rosszat Áronnak, mert nem tudtam elviselni, hogy okosabb nálam. Voltak, akik úgy gondolták, hogy én most mindenhol kivételezésre vágyom, és majd így akarok érvényesülni és kitűnő tanuló lenni. A matekos csoporttársaimat szinte egytől egyig elvesztettem, nem nagyon álltak velem szóba. Főleg azután, hogy odajött hozzám Gábor osztálytársam és közölte velem, hogy ő is diszlexiás, papírja is van róla, mégsem vitte oda soha egyik tanárhoz sem, és lebegtette. Ő csak nyelvvizsgán mutatta be és ott kapott több időt, de ő azzal sem élt, és hogy lehetek ilyen. Na, ekkor éreztem azt, hogy „Jézusom, mi történik velem?”. Előző évben az egyik kedvence voltam az osztálytársaimnak, engem hívtak, ha házi kellett, a szünetekben körém gyűltek, mert eléggé humoros lány voltam, ketten is szerelmesek voltak belém az osztályból, az egyik még le is térdelt elém, és úgy mondta el. Aztán amikor a másikat választottam, úgy megsértődött, hogy hat éven keresztül nem beszélt velem, még azon is kiakadt, amikor a tablón véletlenül egymás mellé raktak minket, pedig akkor már nem is beszéltünk egymással. Megkérdeztem, mi a gondja velem, de nem tudta megmondani. Azon kaptam magam – amit a szociometria igazol is sok esetben –, hogy peremhelyzetre kerültem. Már csak a németes osztálytársaimmal maradtam jóban, meg néha-néha Emilivel beszéltem.

Kavarogtak bennem a gondolatok, de úgy gondoltam, mégis megpróbálom, és a történelemtanárnak is megmutatom a papíromat. Ehhez hozzátartozik, hogy kétévente más történelemtanárt kaptunk. Mindkettő rendes volt.

„Blanka, eddig is ötös voltál, majd ha valamit nagyon nem értek, megkérdezem.” Ennyivel el volt intézve. Nem is értettem, miért akadtak ki ennyire rám osztálytársaim. A „sok kedvezmény”, „ezzel akarok érvényesülni”... Miről beszélnek, hiszen szinte minden maradt a régiben, csak az változott, hogy ők már nem kedveltek.

Azért ehhez a történethez természetesen az is hozzátartozik, hogy ez egy elit gimnázium volt, ide gazdag családok gyerekei jártak főként. Páran voltunk csak szegények, akik az akkori, 2000–2500 forintos havi csoportpénzt sokallották, és akik ha elmentek egy osztálykirándulásra, nem Magnum jégkrémet vettek, valamint nem tudtak minden hétvégén buliba menni és whiskyt vinni. Lehet, hogy a kiközösítésem a papírral kezdődött, de nem azzal állt meg, más is hozzátartozott. Természtesen az is, hogy ahogy engem bántottak, én is változtam, én is visszaszóltam, én sem hagytam magam, és így az én viselkedésem is undok lett. Mondhatjuk, hogy itt is vannak a másodlagos tünetek. A tizedik évvégén azt vettük észre, hogy hárman maradtunk: Tamara, Sziszi és én. Hogyan is?

A gimi a megye legerősebb sulija volt. Ez megmutatkozott abban is, hogy huszonnyolcan kezdtünk és húszan fejeztük be a mi évfolyamunkon; mi voltunk a legkevesebben. Volt egy jó kis öt-hat fős csajbanda, akikhez úgymond tartoztam. Igaz, ők németesek voltak, de mindig oda húzott a szívem. Ugye, az akkori barátom is a németesek közé tartozott. Akik nem bírták a gimi követelményeit, szép lassan leléptek. Először nyolcadik után – emlékeztek, az első belső vizsga –, majd tizedik után is sokan váltottak; szinte mindenki más sulit keresett. Tizedik évvégén újbóli megmérettetés volt, a második belső vizsga. Ugye mivel a nyolcadikoshoz nem társultak jó emlékeim, így időben kezdtem el készülni. A tánccsoportban megismerkedtem egy számomra nagyon kedves emberrel, akit csak úgy fogok nevezni, hogy a Mesterem, tőle tanultam meg a gondolattérkép-módszert. Ma már sok pedagógus is alkalmazza, de akkoriban még nem volt elterjedt módszer. Emellett egy gyorsolvasási technikát is megtanított, ami a kötelező olvasmányoknál jól jött. Tehát tizedikben a gondolattérkép módszerével készültem a vizsgákra. Nem kell más hozzá, mint egy csomag színes filc, és meglátni az összefüggést. Az összes tételt kidolgoztam így. A legelső a tatárjárás volt történelemből; a mai napig fel tudom idézni, hogy az előzményeit zöld gondolatbuborékba írtam. Hatásos módszer, ez elkísért egész életemben. A későbbiekben nagyon sok embernek tanítottam meg, akik együtt tanultak velem.

Volt tizedikben egy osztálytársam, akihez jártam kémiázni, mert neki nem nagyon ment. Mennyire hálás volt, hogy évvégén azért csak görbült az a jegy! Valahogy a tanítás mindig is életem része volt: általános iskolában is korrepetáltam a nálam kicsit gyengébbeket és szívesen segítettem. Ez végig megmaradt. Mindenki azt mondta: „Blanka, te jobban magyarázol, mint a tanár."

Ekkor még egyáltalán nem gondoltam, hogy a pedagóguspályán fogok kikötni, sőt teljesen más terveim voltak.

TIZEDIK, A VÍZVÁLASZTÓ

A tizedik év vége, tizenegyedik év eleje jelentős vízválasztónak tűnt életemben több tényező miatt is. Az első, hogy sokan meglepődtek, mert nagyon jól teljesítettem a belső vizsgán mindenféle plusz kedvezmény nélkül – páran meg is jegyezték. Én természetesen nem árultam el a többieknek titkomat, a gondolattérképes módszert; úgy voltam akkor vele, hogy nem érdemlik meg. Tizedik évvégén kellett választani fakultációt, hogy melyik két tárgyat tanulom majd tizenegyedikben és tizenkettedikben emelt óraszámban. Természetesen itt érdemes volt olyat választani, amelyből emelt szintű érettségit szerettünk volna tenni, és ami majd a választott főiskolai szakra kell, és duplázható. Igen, itt már tizedik év végén úgymond dönteni kellett, mi is akarsz lenni. Döntöttem is, vagyis úgy gondoltam.

A matematika adva volt, de rájöttem, hogy ugyan nem vagyok hülye hozzá, de zseni sem, mint az osztálytársaim. Eljártam versenyekre, de kiemelkedő, nagy eredményeket nem értem el. Aztán mégis csak úgy gondoltam, hogy a matematikát megtartom, ha már négy évig így tanultam; egy matek emelt szint bármihez jó. Jó, de mi legyen a másik? Minden osztálytársam valami mérnöki vagy közgazdasági szakra akart menni. Engem ez nem nagyon érdekelt, de a biológia annál jobban. Lehet, hogy a tanár személyisége volt az, ami annyira megszerettette velem, meg úgy éreztem, ő volt az, aki első pillanattól hitt bennem és nem változott meg a viselkedése, mikor kiderült, hogy diszlexiás vagyok. Úgy döntöttem hát, hogy a másik fakultációm a biológia lesz. Igen, de hát sima biológiával sokra nem megy az ember, az mellé valami kell – általában a kémia, amivel jól kiegészítik egymást. Így szépen eldöntöttem, hogy én kémiából is érettségizni fogok. Nem az orvosi volt a cél – úgy gondoltam, az nem az én tudásszintem –, hanem a gyógyszerészeti, mivel már akkor megfogalmazódott bennem, hogy mindenképpen segíteni akarok az embereknek. De hát hogyan is legyen a kémia-érettségi? Az csak tizedik évvégig van, utána, ha nem veszed fel fakultációban, nem lesz. A matekot nem adtam, végig kitartottam mellette; amit elkezdek, ha nem is megy jól, tisztességgel befejezem. Erre a megoldást megint kedvenc biológiatanárom kínálta: mivel ő kémiaszakos is volt, így elvállalta, hogy felkészít egy év alatt a kémiaérettségire, és előrehozott kémiaérettségit teszek tizenegyedik év végén. Minden héten keményen dolgoztam érte, mindent bevetettem, hogy sikeresen megcsináljam az érettségit.

Ezek a fakultációválasztások abban segítettek, hogy az osztálytársaimtól még messzebb kerültem. Mindenki matekot és fizikát választott. Matekra még együtt jártunk, de már nem sok emberrel beszéltem közölük – ehhez egy szerelmi szakítás is hozzájárult, ami a tizedik év közepén zajlott. Az akkori barátom, aki mindennél jobban szeretett, bármit megtett értem, minden egyes kívánságom leste, elhalmozott ajándékokkal és élményekkel, szinte minden tökéletes lehetett volna. Egy dolog nem stimmelt: nem szerettem, nem voltam belé szerelmes. Kedveltem, mint barátot, mint havert, de ennyi. Azért mégis olyan jó két évet együtt voltunk – a nyolcadikos osztálykiránduláson jöttünk össze, megvigasztalt, miután az akkori barátom – ohh, a plátói, nagy szerelem! – becsapott, megcsalt. Most olyan gyerekesnek tűnik így visszagondolva, de ennyi élettapasztalat után nem az. Most már tudom, hogy visszafelé milyen ez az érzés. Annyira igaz, amit egyik ősi mesénk tanít az embernek: ami rosszat tesz az ember, azt háromszor kapja vissza.

Rosszat tettem, nem voltam egyenes szegény gyerekkel, aki mellesleg az osztálytársam volt, és végig ott állt mellettem. Azonban pont ez jelentette a kapcsolatunk végét: úgy éreztem, megfojt, nem hagy levegőhöz jutni, mégse mondtam neki, hogy vége. Miért? Mert ő csak azt hajtogatta, ha én elhagyom, öngyilkos lesz. Ez annyira megijesztett, hogy nem volt bátorságom azt mondani, hogy ez így nem mehet tovább. Ekkor úgy alakult, hogy a tánccsoportban, ahova végig jártam nem volt párom, akivel táncolhatnék. A „C" osztályban volt egy fiú, aki Átkozottfalván lakott, és nagyon szeretett táncolni. Társastáncra járt, s én meghívtam, jöjjön nekem párnak, a néptánc is menni fog neki. Ez lett a végzetem. Jött, és ahogy az a nagykönyvben meg van írva, egyre közelebb kerültünk egymáshoz. Forrt a levegő köztünk, csak a hülye nem látta. Én először próbáltam még magamnak is tagadni azzal, hogy ő csak barát.

Szerelemes voltam-e belé? Nem tudom. Talán csak a menekülést láttam a rosszul működő kapcsolatomból? Érdekes kérdés, így visszagondolva. Végül az ő ráhatására véget vettem a kapcsolatomnak az osztálytársammal. Vártam a nagy katarzist, hogy öngyilkos lesz, és nekem annyi. Rosszul viselte, ezért két napig még éjjel is felhívtam, hogy minden rendben van-e. Természetesen megbeszéltük, hogy maradunk barátok, mindig ott leszünk egymásnak.

Na, ezt a mondatot azóta utálom hallani. Végül két nap múlva, mikor bejött a suliba és közölte, hogy neki új barátnője van, nincs szüksége a barátságunkra, csak néztem. Ezért vártam két évig? Jézusom, mi van itt? Úgy gondoltam, hogy akkor én is felvállalom a C-s fiúval a kapcsolatomat. Ám mivel az ott volt a suliban, így az osztálytársak szemében megint én lettem a gonosz és szívtelen, így tizedik évvégére úgy alakult, hogy három emberrel beszéltem az osztályból.

Ehhez az is hozzátartozott, hogy nagyon sokan távoztak az osztályból tizedik évvégén, pont azok a lányok, akikkel még azért beszéltem. Azt hiszitek, kárpótolt az új szerelem? Hát nem; körülbelül három hónap múlva közölte velem, hogy ő rájött, még mindig az exbarátnőjét szereti, aki mellesleg a tánccsoportban táncolt az új barátjával. Így kilépett, és pár nélkül maradtam ott is. Ekkor fogadtam meg, hogy soha nem fogok táncolni a szerelmemmel a tánccsoportban – kár, hogy nem tudtam betartani.

Természetesen jó lett volna, ha ez a történet itt lezárul, de nem, mert ennek a C-s gyereknek volt egy haverja, aki a legjobb barátnőmmel járt, és amikor mi szakítottunk a gyerekkel, ők is, mert ő meg rájött, hogy engem szeret. Úgy gondolom, a legnagyobb gondunk, hogy sosem azt szeretjük, akit kéne. Természetesen nem jöttem vele össze, hiszen a barátnő exe tabutéma, de elég nehéz volt ezt is úgy lekommunikálni, hogy azon a barátságon ne essen sérelem, így ő is inkább a harmadik barátnőnkhöz húzott.

Nos, így kezdtem el a tizenegyedik évet. Egyedül maradtam az osztályban, úgy gondoltam, és ahogy gondoltam úgy is lett. Én sem nyitottam a többiek felé, és ők sem felém.

11. ÉVFOLYAM

A nyár végén visszaérkezve – ugyan nem nagy örömmel – újból nekiálltam a céljaim elérésének. A matektanár: miért akarok gyógyszerész lenni, ahhoz nem is kell a matek, hülyeséget csinálok. Ezt is hányszor, de hányszor hallottam! A biológia faktot végül nem az én kedvenc tanárom tanította, hanem aki előtte a földrajztanárom volt, de imádtam őt is, földrajzból mindig dicséretes voltam. Jó társaság is jött össze biológia fakton, nyilván beszéltek velem és jól elvoltunk, de azért országos nagy barátnők nem lettünk. Jól éreztem köztük magamat, és már ezért megérte várni az órákat. A kémiaórákat mindig délután hetedik-nyolcadik órába tettük be a kedvenc biológiatanárommal. Szerencsémre mindennap egy órával előbb beértem a suliba, mert csak úgy volt buszom. Azon a járaton volt egy fiú, aki alattam járt eggyel és vele haverkodtam. Nagyon jóban lettünk, igazi haver volt, és segítettünk egymásnak. Én minden reggel megírtam neki a magyarháziját, mert az sosem volt kész. A matekot sem adva fel, kevesebb lelkesedéssel, de jártam a versenyekre. Nem sok sikert értem el, de jöttek mások is, és így lettem jóban egy lánnyal, aki alattam járt matekon. Neki segítettem, amiben tudtam, ami az én tudásomból kitelt.

A történelemóra – hála istennek – a b-sekkel volt együtt. Sok csaj járt onnan biológia faktra is, így velük voltam jóban. Német- és angolórán úgy jártam, hogy egyiken se kerültem abba csoportba, ahol az osztálytársaim voltak, hanem az évfolyamon összevissza bedobálva. A nyelvek voltak azok, ahol bármit csináltam, egyszerűen nem tudtam kompenzálni, nem tudtam leírni a szavakat, nem tudtam kiejteni. Utáltam, semmi nem ment benne, sem a német, sem az angol. Egyesen utáltam ezeket az órákat, de angolon jó kis csapat jött össze, akik igazi csalók lettek: megszereztük a könyv témazáróinak a megoldását, és az alapján elég jól boldogultunk, egészen addig amíg le nem buktunk, mivel sokan hibátlanra írták a dolgozatot. Nekem volt annyi eszem, hogy annyi hibát vétsek, hogy négyes témazáróm legyen, így a szódolgozati kettesek, meg a szóbeli felelet kettes-hármasok pont kiadták a hármast évvégére. Mégiscsak megtanultam kompenzálni valamilyen módon...

Matematikán éreztem magam borzalmasan egyedül, és ez – sajnos saját tapasztalatból tudom – a teljesítményre is rányomja a bélyeget. Nem segítettek, én nem másoltam le a házit, én mindig jelentettem, ha nem volt meg. Ha nekem volt meg, mert éppen a különtanártól jöttem, én sem adtam oda a többieknek. Igen, jártam különtanárhoz, mert a sok versenyfeladatot, a beküldős KöMaL-t már nem bírtam, és még ott voltak a kötelező szorgalmi feladatok is. Egyedül Emiliával dolgoztunk néha-néha össze, de csak kényszerből, mert egy matektanárhoz jártunk, és hogy akinek megoldotta előbb a tanár, a másik lemásolta, hogy minél többet tudjuk megoldani. De amikor ott voltak a többiek, nem igazán foglalkozott velem; kényszerből még mellém ült, de ennyi. A többi óránk – hála istennek – a németesekkel volt, és azért ott még ott volt az a két barátnőm, akikkel beszéltem – ők is úgymond ki voltak közösítve a saját részükből –, így maradtunk mi hárman.

Ezt azért gondoltam fontosnak leírni, nehogy azt higgyétek, én azért teljesítettem jól, mert olyan elfogadó környezet volt, engem mindenki szeretett. Ez addig volt így, míg nem tudtak a papírról, utána velem is az történt, mint minden egyes társammal: perifériára szorultam. Ha visszagondolok a gimis életemre, ez fájt a legjobban, ezt nem tudom a mai napig feldolgozni, ott motoszkál bennem a „miért?". És tudjátok, miért? Mert majd látni fogjátok, az egyetemen központi figura lettem újból, mert csak egy-két ember tudta a titkomat, hogy ki is vagyok valójában, akiben megbíztam, senki más, és milyen jól tettem. Sajnos gyógypedagógusként ezt kell, hogy mondjam: „milyen jól tettem". Szomorú, de ez az igazság: eltitkoltam, ki is vagyok én, és még mindig csinálom, mert ott a bélyeg. Sokszor úgy érzem, tényleg lehozhatnám a csillagokat is az égről, ha megtudnák, hogy diszes vagyok, akkor már nem lennék jó.

Ezért írom ezt a könyvet is. Egyrészt, hogy kiírjam magamból a fájdalmat, amit átéltem, másrészt, hogy azért valahogy mégiscsak reményt adjak a diszes társaimnak, hogy igenis meg lehet mutatni, hogy ugyanolyan emberek vagyunk, mint mások, és bármire képesek vagyunk. Harmadrészt azért, hogy próbáljam megváltoztatni a társadalom hozzánk való viszonyulását.

Mi is annyit érünk, mint ti! Azért lennénk kevesebbek, mert nehezebben megy az olvasás vagy az írás, esetleg nem tudunk számolni? Na és? Nézz körbe; vannak köztünk mérnökök, orvosok, jogászok, pedagógusok, szakmunkások, kőművesek, asztalosok. És köztetek? Hát nem ugyanúgy mindenféle van köztünk? Ti sem vagytok mások! Miért ilyen nehéz ez? Miért kell nekem néha még most is letagadni, ki vagyok? Mert sokszor teszem ám ezt a sok negatív dolog miatt, ami ért már. Mintha ez lenne a normális, de miért is? Miért is ne tudhatná meg az egész világ, hogy én egy diszlexiás gyógypedagógus vagyok, aki imádja a szakmáját, és él-hal a gyerekekért?

Csak együtt tudunk változtatni, és nem csak azon, hogy minket fogadjanak el, hanem mindenkit, minden fogyatékos embert, minden olyan embert, akinek más a vallása, más a gondolkodása, más az identitása, más és más. Hiszen mi mind mások vagyunk; nincs két egyforma ember, senki sem tökéletes, mindenki hibázik, hisz' látjátok, én is itt írtam, hogy csaltam, és ez csak egy dolog. Én is megbántottam a többieket a saját viselkedésemmel is, mert olyan lettem, mint ők: nem tudtam jó maradni. A mai napig van olyan, amire nem vagyok büszke, néha átveszem a másik ember viselkedését, és olyankor nem a jóság, ami vezérel. Emberek vagyunk és tévedhetünk, de ha tévedünk, lássuk be és próbáljunk meg változtatni, csak így jutunk előrébb.

Szépen lassan elértünk a május hónap végére, ahol jött a megmérettetés, az első igazi nagy: a kémiaérettségi. Ahogy közeledett, úgy pánikoltam: a próbaérettségi kettes lett áprilisban. Emlékeztek, nyolcadikban is, amikor a matek belső érettségi volt, hogy jártam... Egyszerűen ez nálam így van: amikor teljesíteni kell, lebokkolok, ott ül a kisördög a vállam szélén és azt hajtogatja: „te erre nem vagy képes, mert diszes vagy".

Nagyon megijedtünk, én és anyukám. A tanár nem, mert ő hitt bennem, ő mindig is hitt bennem. Még van két hét – mondta –, csináljunk egy egységet. Igen, van két hét, de abban egy háromnapos osztálykirándulás is Szegedre.

Gondolhatjátok, mennyire volt kedvem hozzá, de hát az utolsó osztálykirándulás, jövőre ilyenkor már érettségizel. Többen csináltunk előrehozott érettségit, de drága osztályfőnökünk – akit ugye maximum osztályfőnöki órán láttam, már ha bementem, mert ugye csak németeztek és első órában volt – azt mondta, mindenkinek kötelező az osztálykirándulás, csak valami különleges indokkal lehet hiányozni.

– Az érettségi nem az, mert azt ti választottátok, jövőre meg úgyis több lesz – mondta.

Köszönöm szépen... Jaj, istenem, mit csináljak? Mivel a kémiatanárom azt mondta, hogy abban az öt napban még tudunk készülni, előhívtam egy olyan segítséget, amelyet máskor tényleg soha nem használtam ki, de most muszáj volt. Megkértem a tánccsoportvezetőt és a polgármestert, hogy írjanak egy kikérőt, mintha egy külföldi útra mennénk, és nekem feltétlenül ott kellene lennem.

Nos, így szereztem egy ötnapos kikérőt a suliból, viszont sajnos nem tudtam menni az osztálykirándulásra. Már csak mindennap be kellett lógnom úgy a suliba, hogy senki ne vegyen észre. Ezt úgy oldottuk meg, hogy elvittem haza a biológiaszertár kulcsát, kinéztem a buszt, hogy úgy érjen be, hogy holtidő legyen – az akkori tizenkettedikesek érettségiztek –, megnéztük, melyik folyosón ki a felügyelő tanár, és belógtam.

Nem buktunk le egyszer sem „drága" osztályfőnököm előtt. Készültünk és készültem még az utolsó pillanatban is, aztán eljött a nap. Kémiaérettségit kevesen írtunk, de hála istennek volt ismerős: egy volt tizenkettedikes fiú, aki ugyanúgy matekos osztályba járt, mint én. Ő most mérnökszakra járt, de rájött, hogy orvos akar lenni, így visszajött kémiaérettségit tenni.

Az írásbelivel még nem is volt gond, bár a számolási feladatok nem voltak egyszerűek. Főleg ezek a keveréses feladatok nem mentek át a fejembe soha, pedig a gyógyszerészet alapja. Az érettségit nem az a tanár javította, aki felkészített –előrehozottnál nem előírás ez –, hanem aki nekünk a fizikatanárunk volt és akitől mindenki félt. Ugye tudjuk, hivatalos megtekintésig semmi információ…

Ezt valamelyik iskolában betartják? Nos, egy hét múlva jött is az üzenet, természetesen az osztályfőnöktől, hogy jobb ha elkezdek tanulni szóbelire, mert hogy még a négyes sem biztos, ami azért gyógyszerészetire kevés. Elképzelhetitek az osztályfőnököm kárörvendő képét. Jöttek az „én megmondtam", „látod, ezért kellett volna kémia faktra járni", és „hogy gondoltad ezt így, nem vagy te olyan okos", és a hasonló „kedves" hozzászólások, amikkel ilyenkor csak biztatják az embert.

A fizikatanár, aki tanított, mellesleg mondhatta volna nekem is, na de mindegy. Ő csak megkérdezte, megkaptam-e az üzenetét és csóválta a fejét. Azért ehhez hozzátartozik, hogy természetesen ő volt, aki a kémia faktot vitte… Lehet, hogy volt egy kis szőrösszívűség az osztályozásában, de csak lehet, tényleg csak ennyit tudtam.

Azt tudom, hogy éjjel-nappal tanultam a vegyjeleket, a vegyületek felírását, a képletírást, rendezést, de egyszerűen nem ment. Most, ennyi idő után gondolkodtam csak el rajta, miért is nem ment. A betűk sorrendje, a képletek, vegyületek, periódusos tábla, vegyjelek… Nem mindegy, hogy AU vagy UA stb. Nem is csoda, hogy egy diszes keveri, ennek ellenére vannak orvosok, biológusok, kémikusok, akik diszesek. Nekik ment, nekem nem. Így telt a készülés a szóbelire, telis-tele frusztrációval és bizonyítási vággyal. Amikor meg lehetett nézni, láttam, tényleg nem volt fényes az eredmény. Nagyon jó szóbeli kellett ahhoz, hogy a négyest tartani tudjam, de még nem adtam fel, készültem napról napra.

Amikor eljött a szóbeli napja, nagyon izgultam. Valamelyik osztály végére lettünk betéve mi hárman, akik közül kettő ismételt, én előrehozottat csináltam. Nyilván az egész suliban más nem csinált előrehozott kémiaérettségit, hisz' ez nem volt divat. Mi voltunk az utolsók. Az a fiú a legutolsó, én előtte, így mi egymás feleletét hallottuk. Ő már profi vizsgázó volt. Azt ajánlotta, menjünk fel egy szinttel feljebb, üljünk le a jól ismert kis fotelekbe és nézzük át a tételeket, mire délután bekerülünk. Így is tettünk. Ők olyan okosak voltak, mindent vágtak, amit én nem tudtam, magyarázták nekem, tartották bennem a lelket. Sosem felejtem el a kedves mosolyukat és a biztatásukat. Én nagyon izgultam az első, olyan „hú, ennek már lőttek" eredmény miatt. Elmesélték, hogy ők sem szerették a fizikatanárt, aki a kémiát is tanította, ugye. Majd eljött a bekerülés.

Már nem emlékszem, milyen tételt húztam. Először a csaj felelt, hát maradjon köztünk, kb. alig tudott valamit, tök bizonytalan volt, a tanár a szájába adta a választ. Megnyugodtam. Ó, hát ha rávezet, akkor tök jó, menni fog. Aztán jöttem én…

Csak arra emlékszem, hogy kérdezett, kérdezett és kérdezett, már azt sem tudtam, fiú vagyok-e vagy lány, és a fejcsóválás. Amikor kínzásom véget ért, megkért, maradjak bent meghallgatni a fiút is. Dühös voltam, éreztem, hogy nem ment jól. A fiú meg csak mondta és mondta szépen és folyékonyan, irigyeltem ezért, bár ő már egy kudarcot elviselt ezért. Aztán kimentünk és vártunk az eredményre. Amikor behívtak és elmondták az eredményeket, szinte a könnyeimmel küszködtem: a csaj valami 90% felett volt, a fiú is, de ő meg is érdemelte. Nekem egy négyeske volt beírva. Éppen elértük azt a buszt, amely a szomszéd faluig vitt, onnan haza tudtam gyalogolni.

Már a buszról hívtam anyát elkeseredve. A fiúval régről ismertük egymást, egyrészt apukáink munkatársak voltak és mikulásünnepélyeken mindig találkoztunk, másrészt ő is járt biosztáborba, mint én. Ő átkozottfalvai, odáig jött, közben beszélgettünk, sosem felejtem el, amit mondott: „Ne hagyd magad sárba tiporni, nézd meg, nekem sem ment először, de az én álmom, hogy orvos legyek, ezzel az eredménnyel már fel fognak venni. Ha a te álmod a gyógyszerészeti, ne add fel, hidd el, sikerülni fog. Mindenki meg tudja valósítani az álmát, te nagyon okos lány vagy."

Azt is megbeszéltük, hogy a másik csajt kicsit túlértékelték; hát, az élethez szerencse és pénz kell. A történet vége: a fiú most orvos, elérte az álmát, a csaj gyógyszerész, neki is sikerült, és én? Én is elértem az álmom: segítek embereken, és büszke gyógypedagógus vagyok. Imádom a hivatásomat, még ha néha nehéz is, ha megríkatnak, és ha egy nap hatvanszor meg is kérdezem magamtól, hogy miért tanultam én ezért ennyit. Amikor egy nap sokadszorra hallom, hogy „én ezt nem tudnám csinálni, neked jobb dolog kéne". Amikor a barátodtól azt hallod: „De miért a fogyatékos gyerekkel? Nem hiszem el, hogy ez boldoggá tesz, neked óvónőnek kéne lenned." Akkor büszkén és minden önámítás nélkül kijelentem, hogy szeretem a hivatásomat és semmi pénzért nem cserélnék. Teljesült az álmom, de nem teljesült még vele minden célom.

Ha azt hiszitek, hogy a tizenegyedik csak a kémiaérettségiről szólt, akkor mondanom kell, hogy nem. A gimi nagyon tudatosan készített minket a főiskolára, egyetemre, nem véletlenül volt a legjobb a megyében. A másik sarkalatos téma a nyelvek voltak; már említettem, nem mentek. Ott már nem tudtam kompenzálni. Meghalok, nem megy, nem érdekel, nem szeretem, és sajnos azt kell, hogy mondjam, utálom. De küzdöttem vele, a mai napig is, ha kell. A bátyám ekkor már fősulis volt. Tudjuk, milyen nehéz mellette a nyelvvizsga, és tudjuk, az érettségi is milyen szívás volt, főleg, hogy előtte való évben meg anyu estin érettségizett. Így, hogy megkönnyítsem életem, kitaláltam, hogy némettanárhoz járok. Sajnos kikerültem a kedvenc némettanárom – akihez sok diszes járt – csoportjából, így ahhoz jártam különórára, akit előtte ajánlott. De vele valahogy nem találtam a közös hangot. Így, csoportváltás után, nyíltan járhattam a kedvenchez magánórára. Jártam is lelkesen, készített nyelvvizsgára és érettségire. Ő ajánlotta, csináljam meg a németérettségit előrehozottként ősszel, így kevesebb marad évvégére, és tudok arra koncentrálni, ami fontos. Ehhez arra volt szükség, hogy augusztusban osztályozót tegyek – így nem kellett bejárnom németre tizenkettedikben –, ősszel leérettségizni, és utána nyelvvizsga. Így amellett, hogy minden héten jártam matektanárhoz, hogy tartsam a lépést a versenyekhez, jártam némettanárhoz és ugye kémiáztam, a nyárra is megnyertem a németet. Emlékszem, még némettáborba is mentem, hogy gyakoroljak. Augusztusra meg kellett tanulni a tizenkettedikes németanyagot, de az ég mindig azt adja, amit az ember érdemel.

Emlékeztek, úgy készültem kémiaérettségire, hogy kamu tánccsoportos kikérővel maradtam otthon. Hát a Sors nem tréfál: augusztus végén ment a tánccsoport Németországba táncolni, de én sajnos nem tudtam menni, mert az osztályozó akkor volt, és egy nappal később értünk volna vissza. Sose hazudjatok, még ha kegyes is, ezt megtanultam. Az egész nyarat végigtanultam, de az osztályozó nagyon pocsékul sikerült. Nyilván a némettanár, akinek jelenleg a csoportjában voltam, nem javasolta ezt a megoldást, egyrészt mert a fő nyelvem volt a német heti öt órában (így az angollal csak heti háromban szenvedtem), másrészt ugye, rém gyenge voltam. De hála istennek ezt a megoldást többen választották – igaz, nem az osztályomból. Nem sikerült jól az osztályozó, hármast kaptam, és természetesen megint jöttek az „okos" gondolatok: „Így akarsz elmenni másfél hónap után érettségizni? Sőt a szeptemberi megyeszékhelyen lesz; idegen suli, idegen tanár, ott nem segít senki."

„Kedves" osztályfőnököm végig bent volt osztályozón. Nem is hozzá tartoztam németből, de mivel az ő szakja is volt, na, gondolhatjátok kedves szavait: „Nem volt elég a kémiakudarcod, most ez is?" Nem értették, hogy nem az ötösre hajtok, mert általában a jó tanulók játszották ezt el, hanem hogy majd akkor, a végén még ne kelljen szenvednem a nyelvvel is. Ilyen jó élményekkel kezdtem a tizenkettediket.

12. OSZTÁLY, PÁLYAVÁLASZTÁS

Vártam már az utolsó évet, csak az motivált, hogy új helyre mehetek és új embereket ismerhetek meg. Igazából a gimivel nem volt bajom, akkor úgy éreztem, de mivel az osztályban nem igazán fogadtak be, így vártam, hogy igazi közösségbe kerülhessek. A nyáron tisztázódott bennem, hogy gyógyszerész már nem szeretnék lenni. Sok időm a döntésre nem volt: februárban meg kellett jelölni, hova tovább, mi legyen belőlem. Az első két hónapban nem is nagyon izgatott a dolog, hiszen ott volt az új kihívás, a németérettségi, utána nyelvvizsga. Elég tájékozott voltam a főiskolákkal kapcsolatban; bátyám ekkor már a másodikat kezdte egy rossz döntés miatt. Tudtam, miért jár plusz pont, például, hogy diszes vagyok, de természetesen a nyelvvizsgáért is, ami nem is kevés. Azt is tudtam bátyám példájából, hogy egyetem mellett nyelvet tanulni még nehezebb, és az egyetemen már nyelvórák sincsenek. Így először is erre hajtottam, azt nagyon élveztem, hogy mivel az osztályozó vizsgát letettem, így németórákra nem kellett mennem, volt heti öt lyukas órám és olyan szerencsésen, hogy ebből kettő pénteken, az ötödik-hatodik órában volt, így aznap csak négy órám volt. A negyedik testnevelés, és ha azt ellógtam, elértem egy korábbi buszt. A testnevelőtanár nagyon jó fej volt, ám sajnos túl sokat lógtam a második félévben.

Német érettségi

Őszi érettségik csak megyeszékhelyen vannak, így hát át kellett mennem oda, egy másik gimnáziumba. Szerencsémre még jöttek a gimiből, így nem volt annyira rossz. Az írásbelinél nem is izgultam, azon voltam csak kiakadva, hogy a hallásértési feladatnál egy kínai nő beszélt németül, aki angol szavakat is használt, nem lehetet semmit sem érteni. Hazamentem, felhívtam a némettanárt, akihez magánba jártam. Elmondtam, hogy kicsit nehéznek éreztem. Nálam alapból sem az ötös volt a cél; szerettem volna egy jó erős négyest. Másnap már felkerültek a feladatok és a javítókulcs. Amikor a következő alkalommal mentem a tanárnőhöz, átnéztük. Igen, ő is azt mondta, ez sokkal nehezebb volt, mint a májusi. Amikor az eredmény megjött, kicsit elszomorodtam: a kettes-hármas között volt. Az nyugtatott, hogy azt hiszem, olyan négyen-öten mentünk a gimiből, és mindegyiknek négyes alája volt, pedig ők azért jobb képességűek voltak mint én. Ez az bizonyította, hogy tényleg nehéz összeállítás volt. Mindenki el volt keseredve. Így készültünk a szóbelire, meg hát nyelvvizsgázni csak negyedévente lehet, így – hogy minél több lehetőségünk legyen – mindenki bejelentkezett az őszire is, ami az írásbeli érettségi és a szóbeli közé esett. Két hét múlva tehát mentünk vissza – hála istennek, ugyanabba az intézménybe – nyelvvizsgára. Nyelvvizsgán egy napon van a szóbeli és az írásbeli.

Első nyelvvizsga-próbálkozás

Elkeseredve, de törve nem, nekimentem az újabb feladatnak. A némettanárnő, akihez jártam, profin felkészített, nem volt gond, mindent tudtam és minden kicsi kis részletre, trükkre kitért. Aznap jött egy osztálytársam is, aki németes volt; azért küldték, mert azt mondták neki, hogy nem biztos, hogy olyan jó szinten fog sikerülni az emelt érettségi, hogy megkapja vele a nyelvvizsgát is, ezért inkább menjen el. Ő hasonló vezetéknevű volt, mint én, így abban reménykedtünk, hogy szóbelin társak leszünk, de nem így lett.

Az első írásbelimen csak arra emlékszem, hogy úgy éreztem, jól ment, és nagyon nagy szerencsém volt a hallásértéssel, mert a felügyelőtanár, aki bent volt, segített: rázta a fejét, hogy jó vagy nem. Tudom, nem szabadna ilyet, de esküszöm, nekem most azért van német szóbeli érettségim, mert néha a szerencse mellém állt. A szóbeli páromat, ahogy ajánlotta a némettanár, megkerestem a folyosón s megbeszéltük, mit kérdezünk egymástól, amikor a saját utazásunkat elmondjuk. Itt is szerencsém volt, mert gyengébb volt nálam, sok kérdést nem értett, és én válaszoltam helyette. Abban is szerencsém volt, hogy a második páros voltunk, így hamar végeztünk, nem voltam fáradt sem, és időben is haza értünk.

Szóbeli érettségi

Újabb két hét, újabb kihívás: a német szóbeli érettségi jött a listán. „Kedves" osztályfőnökömtől persze megint érkeztek előtte a „jó tanácsok": „Mondtam, nem kellene túl vállalnod magad, nem vagy te olyan okos"... „Még egy kudarc most jól jött, és mellesleg azt sem tudod, most minek jelentkezz."

Mert közben volt szülői értekezlet, amelyen mindenki mondta a nagy terveket, amelyet akár már két éve dédelgettek, anyukám meg ott állt, hogy „az én lányom nem tudja, mit akar, akar emelt matek- és biológiaérettségit, majd nézünk hozzá valami szakot".

A német szóbelin már nem volt szerencsém, jött a tipikus balszerencse, pedig a Mesterem annyiszor elmondta: „Sose arra koncentrálj, amit nem tudsz, ne arra, amelyik tételt nem tudod, mert akkor biztos azt fogod húzni. Mondhatjuk úgy is, a vonzás törvénye, én hiszek benne, neked szíved joga eldönteni, hiszel-e benne".

Én pont a nyelvvizsgánál jöttem rá, hogy nagyon is működik. Ez a könyv nem ennek a filozófiának a kifejtése miatt íródott, így ha ez érdekel, olvass a témában utána.

Rövid kitérőm után visszatérve a problémára: kihúztam azt az egy tételt, amit nem akartam, és talán egyik legnehezebb is: a környezetvédelem. Telis-tele speciális szavakkal, ugye mindenkinek rémlik? Hát nem is lett valami jó a teljesítményem, szegény elnök már mindent kérdezett, végül engedte, hogy bemutassam a családom, ugye az a Jolly Joker tétel egy ilyen helyzetben. Hála istennek ezt jól el tudtam mondani, így végül egy sovány hármassal, de leérettségiztem ősszel: viszlát, németórák. Azt nem írom, hogy a szenvedésem is befejeződött, mert csak most kezdődött, nem is akárhogyan.

Nyelvvizsgaeredmény

Egy hónapot kellett várni a nyelvvizsgaeredményre, így már novembert írtunk ekkor. Nagyon vártam, reméltem, szerencsém lesz és soha többé német, amely nyelvet sosem szerettem. Azért itt viccesen megjegyezném a teljesség kedvéért, hogy őseim igencsak svábok, annyira, hogy a „messzi mama és papa", akik azért olyan messze nem voltak, csak négy falura, de mi így hívtuk őket. Nos, ők egymás között svábul beszéltek, főleg akkor, amikor nem akarták, hogy értsük, miről szól a vita.

A mama csak németül tudott olvasni és írni, mindennap olvasott a német bibliából. Az első pár szavam német volt, amikor nagy nehezen megszólaltam. Egy fél délutánt vigyázott rám a „messzi mama", és csak beszélt és beszélt hozzám, azt nagyon szeretett. Így mire anyuék jöttek értem, németül köszöntem nekik, nagy volt az öröm. Hát ez a fellángolás eddig tartott.

A nyelvvizsgaeredmény: szóbeli sikeres, írásbeli sikertelen, kapaszkodjatok meg: 2% híján. Most már tudom, mennyit számít két százalék; rengeteget, rengeteg kínt és önbecsüléshiányt. A némettanárom nem volt annyira elkeseredve, lelket öntött be-

lém és egyből mondta, jelentkezzek be a következőre, ott majd
meglesz az a két százalék. Így is tettünk. Az nyugtatott, hogy
osztálytársamnak sem lett meg az írásbelije: valamiért lenul-
lázták a levelét, nem értette meg, miről kell írni.

Pályaválasztás, nyílt napok, tájékozódás

Közben egyre fontosabbá vált, hogy mi is legyen belőlem. Jöttek
a nagy kérdések, mit akarok? Mi tesz boldoggá? Ismerős, nem?
„Olyan szakmát válassz, amit szeretsz, hidd el, annál jobb nincs."
Ezt most bizonyíthatom, hogy így van; akármilyen holtpontom
van az életben, a munkám mindig visszahozott. Csak akkor hal-
ványlila dunsztom sem volt, hogy mit akarok az élettől. Bepáni-
koltam, csak azt tudtam, hogy az akkori nagy álmom, a gyógy-
szerészet, hogy a gyógyszerek által megmentem az emberiséget,
huss, elszállt. Érdekes, mennyit változik az ember; ma már ezt
nem hiszem, és nem is támogatom a gyógyszeres kezeléseket.

Anyával megvettük a pályaválasztási könyvet és bújtuk,
mi is lehetne jó nekem. A matek még mindig ott volt latban, a
helyzet változatlan volt: ment, de nem voltam belőle kiemelke-
dő, lassan a csoport gyengéje lettem, de nem azért, mert hülye
voltam, hanem mindenki más kiesett alólam és tudjátok, szin-
te már senkivel sem beszéltem az osztályból, és így nem is dol-
goztak velem össze.

Anya bent volt a matektanárnál, aki teljesen kiakadt, hogy
nem mérnöki vagy közgazdasági szakon gondolkodom. Ezt
mondta anyunak: „Aki ilyen szinten tudja a matekot, mint Blan-
ka, annak vétek nem azzal továbbmenni. Jól meggondolta? Vi-
szont készüljenek, mert ha nem viszi a matekot, akkor nem kell
emelt érettségi, akkor csinálja meg bioszból, az is pont elég lesz.
Viszont akkor nem tudom a csoportomban tartani, jobb, ha át-
megy egy olyanba, ahol a középszintre készítik fel a tanulókat."

Hoppá, mi van, most még ez is? Kitesznek abból a csoport-
ból, ahova öt és fél évig jártam? Mert nem akarok mérnök len-

ni, vagy nem akarok egésznap számolni egy irodában? Most mi van? Nem értem.

Újból összeomlottam, anya is bizonytalan volt, ezért hát elmentünk a paradicsomi egyetemre megnézni a matematika szakot, hátha legalább ahhoz kedvet kapok, de ott volt a biológiai is, és az még így is jobban tetszett. Amikor hazajöttünk, megfogalmazódott bennem, hogy jó-jó, mind a két szakot szívesen csinálnám, de akkor tanárnak mennék. Milyen szép gondolat: biológia–matek szakos tanár... igen ám, csak ekkor épült át ez az egész rendszer. Megkérdeztük mi kell hozzá: minor szak, meg minor tanári és ütközések, meg hát csúsztatás, úristen, tiszta katyvasz volt az egész.

Leültem a Mesteremmel beszélgetni. Már nagyon el voltam keseredve. Ugye, a németes dolgok nem igazán sikerültek és vészesen fogyott az idő a jelentkezésig, de nem tudtam, mi legyen. Ő csak ezt kérdezte tőlem: „Blanka, mondd meg, mi tesz boldoggá! Mikor érezted magad utoljára nagyon boldognak?”

A válaszom nem volt más, mint hogy „amikor az unokahúgaimra vigyáztam és játszottam velük”. Olyan aranyosak, olyan boldogok, olyan zabálni valók.

– Látod, neked gyerekekkel kell foglalkozni – jött egyenesen a válasz.

Ekkor unokahúgaim még ovisok voltak, sőt volt, aki még otthon volt. Ó de jó, jött a nagy ötlet, óvónéni leszek. Nagy lelkesedéssel jöttem haza és közöltem anyuval: tudom, mi akarok lenni: óvónéni, gyerekekkel akarok foglalkozni. Ekkor jött életem egyik legnagyobb pofonja. Kinyitottam a tájékoztató könyvet, hol lehet tanulni, mi kell hozzá és ott volt egy záradék, amely miatt – emlékszem – két hetet sírtam és nem tudtam elfogadni: *kizáró ok diszlexia és diszgráfia.* Igen, mi nem lehetünk óvónénik. Vagyis csak azt hiszitek; én mégiscsak az voltam négy évig, és tudjátok, szuper óvónéni voltam.

Összetörtem, de nem adtam fel a reményt, elkezdtem utánajárni, mi van, ha eltitkolom a papírt. Bementem a titkárságra első körben, ahol azt mondták, elesek attól az azt hiszem, húsz ponttól, ami többletként jár, de ami nagyobb baj, hogy akkor érettségin is nézik a helyesírásomat.

Ekkor már gondolkodóba estem, de képzeljétek, mit tanácsolt a titkárnő. Azt hittem, leesek a padról, tényleg, ezt még a mai napig sem tudom, hogy lehetett. Nemes egyszerűséggel azt ajánlotta, hogy kérdezzem meg a gyógypedagógusunkat, aki hétfőként jár az intézménybe és a diszes tanulókkal foglalkozik, mit ajánl nekem. Nem ismerem? Tessék? Nyolcadikos korom óta tudják, hogy diszes vagyok, és nem találkoztam ezzel a hölggyel? Kicsit durván hangzik, de végül is nagyon nagy szerencsém volt, hogy elmentem hozzá. Bent ült egy teremben, valakit épp korrepetált, vagy nem is tudom, mit csinált. Most már tudom: fejlesztett.

Bemutatkoztam neki elmondtam, milyen kódom van, és vittem egy papírt. A hölgy is meglepődött, hogyhogy nem voltam a rendszerében. Elkezdett kérdezősködni: *nem jártál fejlesztésre? Milyen felmentéseket kaptál? A bizonyítványodba mindenhova jegy van írva?* Nem jártam fejlesztésre, csak nem javították a helyesírásom és igen, jegyet kaptam – feleltem neki. Azt mondta, utánanéz a rendszerben, és nyugodjak meg, érettségin megkapom a felmentéseket. Kérdezte, miben segíthet. Elmondtam a problémámat. Nézett hosszasan, majd megkérdezte: *Szeretsz és tudsz énekelni?* Dehogy tudok! Szeretni szeretek, de bár hangom van, bár ne hallaná – mondtam neki. *Szolmizálni? Én?* Jézusom, nem. Elmesélte, hogy ének alkalmassági van az óvópedagógusoknál, elég komoly. Ha az nem sikerül, fel sem vesznek, és akkor csak a helyet foglalja a felvételi lapon, és a plusz ponttól is elesem. Így mindjárt másképp láttam a helyzetet. Megkérdeztem, hogy akkor milyen szakma van még, ami gyerekekkel foglalkozik. A tanító – mondta –, de ugyanúgy ének alkalmassági van.

Már majdnem mentem kifelé az ajtón újból összetörve, mikor rám nézett és azt mondta:

– De egy gyógypedagógusnak nincs ének alkalmassági.

Ránéztem. De hát én diszes vagyok, ott nem gond? Ő nem tud ilyenről, hogy kizáró ok lenne, de nézzek utána. Hát ezt is tettem: elmentem szépen a nyílt napra a legközelebbi olyan városba, ahol oktatták. Laktak ott rokonaink, úgyhogy ismerős is voltam arra. Sokáig gondolkodtam, hogy nevezzem el ezt a várost, de csak egyszerűen így fogom hívni: „Otthon", a kedvenc filmemből vett idézet alapján: „Otthon az a hely, ahonnan ha elmész, hiányozni kezd". Számomra pontosan ezt is jelenti az a város.

Elmentem, megnéztem, nagyon tetszett, tényleg, első pillanattól kezdve otthon éreztem magam. Megkérdeztem ott egy hölgyet, aki a tanulmányi ügyekkel foglalkozott, hogy ez esetleg kizáró ok-e, mire ő közölte, hogy nem.

Győzelemmel az arcomon, hogy „ez az, megvan, gyógypedagógus leszek", jöttem haza a nyílt napról. Milyen mázlim van, az emelt biológia pont duplázódik, meg a magyarjegy, amiből öt éven keresztül mindig ötös voltam, imádtam és szerettem. Hát itt gond nem lehet, fel fognak venni. Az örömöm körülbelül addig tartott, amíg hazajöttem és közöltem az iskolában a döntésem.

Reakciók:

Magyartanár, akinek addig kedvence voltam: Na, azt már nem, hogy én gyerekeket tanítsak ilyen helyesírással. Ezt ő nem tartja jó ötletnek és keressek mást, különben sem fognak oda felvenni, mert biztosan kizáró ok.

Osztályfőnök, az egész osztály előtt: Hát ez nevetséges. Miért nem elég nekem az a plusz húsz pont és keresek valami másik szakot? Hogy én tanítsak? Meg nem fogják nézni a helyesírásomat, ez is legyen bőven elég. (Ekkor nem tudta, mit indít el ezzel a kijelentésével.)

Matektanár: Jó, ha ez a végleges döntésem, reméli, nem bánom meg. Akkor viszont a következő félévtől új matekcsoport, és sok sikert az emelt biológiaérettségihez.

Titkárnő: Ő ezt nem tartja jó ötletnek, de minden papírt egyeztettek a gyógypedagógussal. Sajnos valami miatt nem voltam a rendszerben, de megpróbálják a plusz időt biztosítani, erről igazgatói határozatot fogok kapni levélben. Ugye tudom, hogy nyelvvizsgánál is jár a plusz idő?

Plusz idő... Erről nem beszéltek eddig, csak hogy a helyesírást nem nézik, ja, és hogy nyelvvizsgához is beadhatom... Remek. Jelentkeztem már egyre, amire a módosítást utólag nem fogadják el.

Ezek után fő támogatóm, anya is elvesztette a hitét bennem. Anya hagyta hatodikban is, hogy én döntsek arról, melyik suliba szeretnék menni. Most ő is elbizonytalanodott, hogy biztosan jó döntés-e számomra, hogy gyógypedagógus akarok lenni. Sikerülni fog-e? Nem lesz sok kudarcélményem? Ehhez hozzátartozott az is, hogy bátyám ekkor már váltott: környezetmérnökiről szociális munkásnak ment, amit most – úgy látom – szeret, és jól csinálja. Anya csak nem akarta, hogy úgy járjak, mint a bátyám, hogy két évet elvesztegessek feleslegesen a támogatott féléveimből.

A másik oka az volt, hogy Otthon kollégiumban kellene laknom, és hát mindig nehéz elengedni egy szülőnek a gyerekét. Attól függetlenül, hogy nem tetszett neki az ötlet, mindenben támogatott, sőt kitalálta, hogy menjek el a volt osztálytársam anyukájához, aki pszichológus és gyógypedagógus, nézzünk teszteket, hogy biztos képes leszek-e erre. Így is lett, elmentem hozzá, ami újra visszaadta az önbizalmamat. Régóta ismertük egymást és tudta, hogy jó tanuló és szorgalmas, értelmes lány vagyok. Elkészíttette velem akkor már a MAWI felnőtt változatát, és igen meglepő eredmény jött ki: 122-es IQ. Emlékeztek? A szakértői papíron jelenleg is a 90 áll, azért ez elég jelentős eltérés. Azt mondta, ez az eredmény magas, és több mint valószínű, ezért tudok jól kompenzálni. A vizuális memóriám nagyon jó, ezért nem hallás útján jegyzem meg, hogy kell írni a szavakat, hanem amit sokszor látok, berögzül az írásképe, formája.

Többször jártam nála, adott pár tippet, hogy ha mégis lenne szóbeli felvételi, hogyan fogalmazzam meg gondolataimat, és a későbbiekben hogyan fogom majd tudni a tanulást minél jobban végezni. Megmutatta, miben vagyok jó, melyek azok a területek, amelyek jól működnek, és milyen tanulási stílus illik hozzám. Pár mozgásos feladatot is ajánlott, amit érdemes időről időre elvégeznem, hogy helyre kerüljenek a dolgok. Tőle hallottam először azt, hogy milyen szerencsés vagyok amiatt, hogy néptáncolok. Állítólag ez az egyik legjobb fejlesztés, mert a jobb és bal agyféltekémet összerendezi, egyszerre több mindenre kell figyelnem, egyszerre többfajta mozgást végzek, amely nagyon jól stimulálja az agysejteket. Előtte is szerettem a táncot, de ekkor döntöttem el, hogy folytatni fogom és kitartok mellette. Hiszen pont azon gondolkodtam, hogy elmegyek egyetemre, úgysem lesz időm táncolni és abbahagyom, de hát így akkor ez kizárva. Jól döntöttem, és azóta is csinálom.

Így hát nagy nehezen megszületett a döntés: első helyen megjelöltem a gyógypedagógiát, második helyen a biológia alapszakot, harmadik helyen a matematikát. Tudtuk, hogy az utolsó kettőre fel fognak venni, mert nevetségesen alacsony volt a ponthatár. Gyógypedagógián már nem ez volt a helyzet, oda – mint nyilván mindenki – szívem szerint a nagy Roxfortot jelöltem volna meg. Hogy nem tettem, két fő oka volt; az egyik az, hogy neccesen lett volna meg a felvételi pontom, a másik, hogy ott fent azért az élet nem olcsó. Mi soha nem voltunk egy gazdag család, még Otthonra eljárni és kollégistaként élni is megterhelő volt, nem ám Roxfortra. Így hát úgy döntöttünk, inkább a közelebbi. Már akkor tetszettek Roxfort szakjai és a szakpárosítások, ami itt még ugye nem volt kivitelezhető, de úgy döntöttem, először itt próbálkozom, aztán majd elmegyek kora gyermekkori intervencióra, mert az tetszett nekem igazán. Beadtuk a felvételit és vártunk. Jó, nem vártunk, de nem volt mit tenni.

Nyelvvizsga-próbálkozás 2.

Közben télen újból próbálkoztam a nyelvvizsga írásbeli részével. Mivel már elkéstünk, a jelentkezéskor kellett volna plusz időt kérni stb., ezért még a következőt is így nyomtuk le. A némettanár, akihez azóta is heti rendszerességgel jártam, már azt mondta, nem tud mit tanítani nekem nyelvtanilag, az öszszes szabályt mondom és tudom, de valahogy mégsem alkalmazom – ugye, ugyanez van magyar nyelven is. Nagyon aranyos volt ő is, közben utánanézett a diszesek nyelvvizsgalehetőségeinek. Elmentem újból, izgultam nagyon, nagyon stresszeltem, féltem a kudarctól. Megírtam, hazajöttem, és vártam egy hónapot, amíg eredmény lett.

Az egy hónapban nem álltunk le; mentem külön németre, matekra, és közben külön biológiára is jártam ahhoz a tanárhoz, aki kémián is segített felkészíteni. Mivel nekem sok lyukas órám volt, mert németre nem jártam, neki is volt akkor, és így a biosz-szertárban készültünk az emelt bioszérettségire. Közben azért érdekes dolgok történtek az osztályban is. Emlékeztek a két diszes osztálytársamra? Megneszelték, hogy nekem plusz idő és plusz pont fog járni a felvételin. Ők ugye kemény főiskolákra jelentkeztek, az ország legjobbjaira, a nagyfaluba, ahol drága az élet és nehéz a bekerülés, nem olyanokra, mint én. Mivel nagyon kellett nekik az a plusz pont, így hirtelen érettségi előtt mindkettőnek elintéződött a papír. Hogy csinálták? Nem érdekel, de sejtem, hogy akinek pénze van, annak minden lehet. Áronnak, akinek az anyja a nyelvtantanárnőnk volt, apja ügyvéd, és sosem volt papírja, lett. De ez még hagyján. Ám ő olyan csalást csinált – és büszkén mondogatta mindenkinek –, hogy most is, ha visszagondolok, a pofám leszakad; mi, egyszerű jótét lelkek nem lennénk ilyenre képesek.

Konkrétan az ügyvéd apukája tudta az összes kiskaput. Külföldön dolgozott, Bogáron a legmenőbb helyen laktak, saját szauna, medence, kacsalábon forgó palota. Kitalálták, hogy anyuka papíron a három gyerekkel – Áron volt a legidősebb – kiköltözik a pincébe lakni, ahol egy szoba van, és elválnak, hogy anya tanári fizetése legyen csak beírva a kollégiumi jelentkezési lapra – és gondolom, később a szociális támogatásra is. Ne lepődjetek meg, sokan csinálják ezt. Fel is vették kollégiumba, más meg fizette az albérletet, na, mindegy.

Ekkortájt a legjobban az fájt, amit Emília mondott – tudjátok, még vele beszéltem a legtöbbet a matekos osztálytársaim közül. Nos, ő nem tartotta fairnek, hogy mi plusz pontot kapunk csak azért, mert diszesek vagyunk. Szerinte nem tanulunk többet, mint ők, és lehet, hogy egy „ilyen” fogja őt kitúrni a helyéről, és ezért nem fogják felvenni, és ez milyen felháborító és undorító dolog.

Igen, ő azért mondta ezt, mert sosem bírta elviselni, hogy én feleannyi idő befektetéssel voltam olyan tanuló, mint ő, vagy kicsit talán jobb is. Igen, ő tipikusan az a diák volt, aki magolt, szorgalmas volt, mindent megcsinált és tanult, tanult, tanult, de sok esze sajnos nem volt. Vannak sokan így, ami nem gond, ha küzdeni akar és van, hogy a küzdelem meghozza a gyümölcsét, és majd idővel le is tudja aratni azt. De attól nem kell irigynek lenni arra, akinek feleannyi befektetéssel sikerül ez.

Pedagógustársaimmal hány ilyen gyerekkel találkozunk, aki ha megfeszül, sem tud többet, de szorgalmas és reménykedik, és általában ők a kis kedvencek. És hányan vannak, akik félvállról odafirkantanak valamit a papírra, ami tök jó, talán senki nem tudja az osztályból, de egy házi feladata sincs kész. Öt év múlva azután azt látjuk, hogy a kis, szorgalmas gyerekünk már jobb tanuló, mert összeszedte magát és simán lekörözi a másik gyereket, aki jó képességű volt, de nem foglalkozott a tanulással, és egyszerűen önmagát hátrányba sodorva már csak az osztály hátsó végén kullog. Nincs ezzel gond, mindenki saját életének a kovácsa. Nekünk az a feladatunk, hogy ítélet nélkül minden lehetőséget megadjunk nekik. De ne legyen irigy, akinek nem megy annyira a tanulás, ebben is természetesen sok múlik a gyerek természetén, a neveltetésén, és a pedagógusok elvárásain.

Megérkezett az eredmény is: újabb sikertelen vizsga, de ez még rosszabb lett, mint az előző. Teljesen elkeseredtem. Mi a baj velem? Miért nem megy?

Nyelvvizsga-próbálkozás 3.

A harmadik próbálkozásra már mellékeltük a diszes papírt, úgy nézett ki, már rutinosak vagyunk. Tudtam, ez az utolsó lehetőség, ami még megjön majd a felvételihez és beleszámít, és az utolsó, ami nem kavar bele nagyon az érettségikbe. Március volt, már sok idő nem maradt így sem a májusi érettségikre. A nagy lelkesedés már alábbhagyott, de a muszáj az nagy úr volt:

elmentem, erőt vettem magamon. Mivel már többször voltam, szépen beültem a terembe egy tetszőleges helyre, mint eddig mind a kétszer, de most valami más volt. Jött a terembiztos, aki velünk volt, hozta a kis papírokat. Belépett, mindenki csöndben volt, tudtuk, jön a tájékoztató rész. De most, mielőtt belekezdett volna ebbe, jött egy olyan rész, ami életem egyik legmegalázóbb helyzete volt. Egyszer csak így szólt:

– Hol van a fogyatékos tanuló? Annak előre kell ülnie.

Ültem és nem mozdultam. Fogyatékos… na, vajon ki lehet az? Talán jön egy kerekesszékes és elöl jobb neki, nem kell kerülgetni a padokat. Nem csak én nem mozdultam, hanem senki. Ezért a nő ránézett a papírra és kimondta a nevet újból: „Blanka nincs itt?" Ekkor mintha leforráztak volna. Tessék mondani, én? Én mióta vagyok fogyatékos? Nem értettem, nem tudtam, mi a helyzet. Mondtam a hölgynek, elnézést, én csak diszgráfiás vagyok. Igen, igen, maga az, jöjjön szépen, üljön ide előre, maga plusz húsz percet kap. Előre ültem, a teremben mindenki végignézett rajtam. Lehet, hogy ők is azon gondolkodtak, hogy *ez úgy néz ki, mint mi, miért mondják ezt fogyatékosnak?*

Ezt az élményt senkinek sem kívánom, remélem, nincs olyan társam, aki ezt végigélte, mert szörnyű volt. Most így visszagondolva is, hiszen nem tartom magam fogyatékosnak és nem gondolom, hogy nem mindegy, hogy hol ül ilyenkor az ember, és hol marad még húsz percet bent. Gondolhatjátok, hogy ezek után mennyire tudtam a feladatokra koncentrálni…

Az első tíz percben a könnyeimmel küszködtem, hogy visszatartsam. De jó, hogy ezt a plusz húsz percből lehetett leszámítani! Mondanom sem kell, hogy abban a plusz húsz percben, amikor egyedül voltam már bent a felügyelővel, mennyire frusztráltan éreztem magam; semmit sem írtam már szinte a papírra.

Az eredményre megint egy hónapot kellett várni. Sajnos megint sikertelen lett, és megint rosszabb, mint az előző próbálkozás. A némettanár, akihez jártam, egyszerűen nem értette. Azt mondta már tényleg mindent megtanított nekem. Van egy ismerőse, aki kimondottan diszeseket készít fel nyelvvizsgára, lehet, hogy oda kellene mennem, mert ő már nem tud többet segíteni. Ő is ajánlotta, hogy mindenféleképpen csak érettségi után, most arra koncentráljak, és ígérjem meg, amikor meglesz a nyelvvizsgám, felhívom telefonon.

Érettségik

Érettségi előtt természetesen voltak a próbaérettségik, amik nagyon jót tesznek az ember lelkének – vagy nem. Hát nekem az emelt biosz próbaérettségi nagyon szarul sikerült, mondanom sem kell. A matekon jól ment a középszint, de lehetett volna jobb is. Egész második félévben ezt hallgattam az új matektanártól, aki majd javítja az érettségimet: mindent túlbonyolítok, azt hiszem, hogy mivel Macskához jártam eddig, mindent tudok is. Ez nem így van, ő majd megmutatja.

Az osztálytársaktól meg az új matekos csoporttársaktól, akik között ott ült az a bizonyos C-s fiú, csak azt hallgattam: aki emelt matekra Macskához járt, annak minimum 90% fölé kell megírni az érettségit. Kicsit sem volt nyomás rajtam. A magyar elég jól sikerült, ott nem vonhatták le a 15 pontot a helyesírásra, így simán ötös volt – ugye ez számított még nekem a bioszon kívül. Ennek úgy megörültem, hogy elmeséltem a magyartanárnak, hogy gyógypedagógiára adtam be a jelentkezésem. Bár ne tettem volna! Teljesen kiakadt, hogy ő ezt nem tanácsolja, egyáltalán nem etikus, hogy gondolom én ezt. Megkérdezte, még mit jelöltem be. Elmeséltem és hozzátettem, hogy mindenképpen tanár szeretnék lenni. Még hogy én tanár? Azért álljunk meg egy pillanatra, oda írni is tudni kell. Jó, ő eddig úgy osztályozott magyarból, hogy matekosként biztos ilyen pályát választok, így kicsit felülreprezentált. Így mily meglepő, évvégén felelnem kellett az ötösért magyarból. A töri próbaérettségim jól sikerült, azt a sok baj mellett már csak úgy csináltam, nagyon nem is foglalkoztam vele.

Májusban megvolt a ballagás. Mi nem tartottunk nagy fogadást, pár rokon jött, kibéreltünk egy helyiséget és hidegtálakat rendeltünk. Mindenki kérdezte, mit szeretnék ballagásomra. Pénzt – válaszoltam –, hogy tudjak venni magamnak egy laptopot, mert hogy a főiskolán már mindent gépen kell csinálni, még az órákat is úgy kell felvenni. Otthon csak az asztali gépünk volt, amin a bátyám dolgozott ilyen célokkal. Reméltem, összejön annyi a rokonoktól, hogy egy kis gépet tudjak venni. Hála istennek igen, így nyáron megvettem életem első laptopját, ami kiszolgált engem nagyon sokáig, csak hát meggondolatlanul olyan személynek adtam, akinek nem kellett volna, és biztos nem értékelte azt olyan szinten, mint ami engem ahhoz a laptophoz kötött. A többi osztálytársamnak nem volt ilyen gondja, ők laptopot kaptak, volt, aki jogosítványra pénzt, volt, aki utazást, és sorolhatnám. Én ennek is nagyon örültem. Ballagás után eljött a nagy nap.

Magyar érettségi

Szokásosan beültünk, elmondták a tudnivalókat, amit már annyiszor hallottunk. Az első 45 perces részre, a szövegértésre nem kaptam plusz időt. A másik résznél szóltak, hogy én és a két másik osztálytársam egy órával tovább maradhatunk. Az első 45 perces rész vicces volt: az „izé" szót kellett megmagyarázni, azt azóta emlegettem. A második részben, mint majdnem mindenki, a novellaelemzést választottam, ez volt úgymond a Jolly Joker, a betanult. Valami borzalmas szöveg volt, ami rejtetten a húsvétot ábrázolta, de hát ez valahogy nem esett le nekem, sem sok sorstársnak. Nem használtam ki a plusz időt, sőt még dél előtt kijöttem. Úgy éreztem, jól sikerült.

Matek érettségi

A matek számomra nagyon furcsa volt, hiszen végig emelt szinten tanultam a matekot és végül középszintre mentem belőle. Hónapokig csak azt hallottam, hogy „neked úgyis ötös, be sem kell menned". Már a felkészülésnél éreztem, nem lesz az igazi, akinek a matekcsoportjába átkerültem, ahol az exem is volt – miért is ne? Mintha sosem kedvelt volna igazából, vagy csak benne volt az, hogy aki Macska csoportjából jön, nem lesz ám itt csak úgy ötös. Szégyenszemre a matektól tartottam a legjobban. Nem is tudom már, milyen érzésekkel jöttem ki. Azt tudom, hogy kértem, Macska javítsa, de azt nem lehetett.

Történelem érettségi
Erre már nem is volt erőm figyelni, nem számított sehova. A legnyugodtabban mentem be, mintha természetes dolog lenne az érettségi, harmadik napjára már úgyis fáradtak voltunk. Emlékszem, az írásbelire semmit sem néztem át. Ott, úgy emlékszem, minden időt kihasználtam.

Biológia érettségi
Alapból kicsit paráztam, hiszen emelt szinten teljesítettem és kellett a felvételihez is, hogy gyógypedagógus lehessek. Másik iskolában is írtuk, a szomszéd nagyvárosban, ismeretlen helyen és ismeretlen emberekkel. Jó volt, hogy a gimiből még voltak rajtam kívül, ez nyugtatott. Nehéz volt az írásbeli is, de azért valahogy túl lettem ezen is.

Az írásbelik lementek és mi otthon maradtunk. Én azért mindig is a tanulósabb réteghez tartoztam, így hát természetesen elkezdtem átnézni a történelem- és magyar-tételeket. Amikor szembesültem vele, hogy nyelvtantételek is vannak, csak néztem. Úgy érzem, minden iskola elég kevés hangsúlyt fektet arra az évek során, hogy külön nyelvtantétel is van. Esküszöm, úgy éreztem, van, amit életemben először hallok és tanulok. Biológiából csak témakörök voltak megadva és pár minta a szóbeli feladatokra, igazából ott bármi szóba jöhetett, így az összes könyvet elolvastam újból, próbáltam mindent memorizálni, amit csak lehetett. Az emberi test mindig is érdekelt, azt nagyon hamar elsajátítottam, de a növények-rész nem volt a kedvencem. Lassan eljött a nap, amikor megtekinthettük az írásbeli eredményeket. A magyarom még így is határeset: négyes és ötös között, ha fullpontos szóbelit csinálok, akkor lesz ötös, ami ugye a felvételihez számít. A matek négyes lett, mindenki meglepődött rajta, de én valahogy nem. Még Macska is átnézte ezért utólag, de azt mondta, nem kellett volna deriválnom az egyik feladatban, abban semmi becsapás nem volt, mert középszinten nincs olyan.

Valahogy éreztem már előtte is, hogy ez nem az enyém lesz. Így is lett. A történelem nagyon jól sikerült, szinte hibátlan lett. A biológia is elég jól sikerült – lehetett volna jobb is, de emelten már ez is jónak számít, a pluszpontokat begyűjtöttem vele. Ezekkel az információkkal készültem tovább, először is biológiára, mert abból előbb volt a szóbeli egy másik iskolában.

Biológia szóbeli
Nagyon izgultam. Emlékszem, sokat kellett várni, de végül bekerültem. Azt hiszem, két összetett feladat volt. Egyet sosem felejtek el: az LSD hatásáról kellett beszélnem. Az idegrendszeri rész jól is ment, de amikor megkérdezték, hogyan fogyasztják, kikerekedett szemekkel mondtam, hogy nem tudom. A vizsgabiztos nem akarta elhinni, hogy van ilyen diák, aki nem tudja, hogyan fogyasztják, erre azt válaszoltam, hogy sosem érdekelt. Legalább az érettségin megtudtam. A szóbeli jól sikerült, az összetett feladatokat jól meg tudtam válaszolni. A kezdeti izgulásom elmúlt. Azt hiszem, pontos eredmény nélkül jöttünk el, mert azt az iskolának küldték el.

Magyar és történelem szóbeli
Amikor osztálytársaim még akár négy-öt tantárgyból szóbeliztek, nekem már csak ez a kettő maradt, ezért én voltam az osztályban az utolsó. Emilinek kellett megvárnia, mert ő is így volt, mint én. Ha magyarból fullpontos szóbelim lett volna, akkor ötös az érettségim, ami számított a felvételin. Az irodalom részét nagyon szépen tudtam, még a nyelvtan is elég jól ment, végül mégsem kaptam ötöst, mert valamennyi pontot az előadásmódra levontak, amit sosem feljtek el, hisz' aki velem beszélt, tudta, szóba verhetetlen vagyok. A történelem nagyon vicces volt. Egyetlenegy tételt nem néztem át, valahogy kimaradt; természetesen azt húztam ki: a nagy földrajzi felfedezések. Kinyitottam a történelematlaszt és amit tudtam, kiírtam belőle. A történelemtanár sietett, mert közben a másik osztály

is elkezdte a szóbelit, ahol ő volt a magyartanár, ránk vártak, így elmondtam Kolumbusz Kristóf hajóinak nevét, amit ügyesen kinéztem azt atlaszból. A tanár meglepődött, hogy erre is emlékszem. Párat kérdezett, és szóbeli dicsérettel végeztem történelemből. A legjobb eredményem volt.

NYÁR, FELVÉTELI, GÓLYATÁBOR

A bankett után mindenki szabadon szétszéledt. Nagyon vártam, hova is vesznek fel, hisz' volt a gyógypedagógia, biológia, és a végén a matematika megjelölve. Nagy öröm volt, amikor igen magas pontszámmal bekerültem Otthon egyetemére gyógypedagógiát tanulni. Izgatottan kerestem már a neten a csoport-társakat, szerveztük, hogy jutunk a gólyatáborba. A gólyatábor nagy élmény volt, először az életemben újból önfeledten és magamat adva új kapcsolatokat tudtam teremteni.

EGYETEM

A beiratkozásnál beköltöztem a kollégiumba. Az első szobatársam egy cigány származású nő volt, aki óvodapedagógiára járt. Azért írom, hogy nő, mert idősebb volt nálunk. Hívjuk úgy, hogy Mona. Nála eltökéltebb óvodapedagógust nem ismerek, tiszta szíve a gyerekek igaz tanítója. Mona megnyerte az OTDK-t is kutatómunkájával már második évfolyamosként. Eltökélt volt és kitartó, sok embernek lehet ő példa, a mai napig tartjuk a kapcsolatot. Büszke vagyok, hogy ő volt az első szobatársam, annak ellenére, hogy először megilletődtem. Az első év a gyógypedagógián szinte játéknak tűnt. Nagyon jóban lettem két számomra kedves emberrel, akik jelenleg is sokat jelentenek számomra: Kingával és Fruzsinával. Mondhatjuk, hogy egy életre szóló barátságot kaptam, ők voltak azon pár ember, aki tudták szinte az elejétől kezdve, hogy milyen problémával küzdök. Mert igen, nem mertem elmondani, nem mertem felvállani, hogy én diszes vagyok; attól féltem, hogy egyszer csak azt mondják: „Neked itt nincs keresnivalód, nem lehetsz gyógypedagógus, viszlát".

Ahogy egyre jobban megbarátkoztam az egyetemmel, mondhatni, hogy a csoportban az egyik központi figura lettem. Furcsa volt nekem is: én voltam a mindig mindent tudó, ha arról volt szó, mit mikor kell leadni, melyik tárgyból mi a követelmény. Sokan kértek tőlem segítséget és szívesen segítettem, mindenkivel próbáltam jó kapcsolatban lenni. A kollégiumban is hamar öszszebarátkoztam felsőbb évesekkel, akiknek köszönhetően megismerkedtem Szamantával. Ő azért olyan fontos az életemben, mert ő is diszlexiás-diszgráfiás volt, és ő is gyógypedagógusnak tanult. Neki köszönhetem, hogy megtudtam, kérhetem a nyelvvizsga alóli mentességet, vagy legalábbis az egyik része alól. Ő segített az ügyintézésben. Nem tudtam semmit, nem tudtam, mi az, hogy fogyatékosságügyi koordinátor, mi az, hogy dékáni levél, felmentés, vagy mire jár.

Belegondolok, hányan nem tudják, akik hasonló cipőben járnak, mint én. A fogyatékosságügyi koordinátor az egyik tanárunk volt, Marcsi néni, aki most már doktori fokozatot birtokol. Marcsi néni velem és Szamantával is mindig kedves volt. Nagyon sok tantárgyat tanított, és csak ő tudta rólam, hogy mivel is küzdök. Lehetett volna sok kiváltság, felvétel az órákról, plusz felkészülési idő, plusz vizsgaidő, szakirodalmakhoz való hozzájutás, sosem kértem egyiket sem. Miért nem? Mert a mai napig szégyellem, hogy így születtem és diszlexiás vagyok.

Marcsi néni velünk mindig nagyon kedves és tisztelettudó volt. Általában mindig kétszer mentem hozzá vizsgázni, mert szóbelin először mindig négyest adott, mert nem jól használtam vagy mondtam az idegen nyelvből származó szakszavakat, amelyeket egy gyógypedagógusnak ismernie kell. Így mindig elmentem javítani, és a javításon ötöst kaptam; bevágtam a szavakat, volt, hogy egész nap csak azokat mondogattam.

Mert nekem akkor még nem volt jó a négyes, sőt ma sem, de ma már nincs energiám erre, és a Roxfort kiölte belőlem a maximalizmust, de ezt majd később.

Marcsi néninek egyszer volt egy olyan megnyilvánulása, amelyet sosem felejtek el. Szamantáékkal történt, hogy mentek megnézni a helyi Szakértői Bizottságot. Ott előkerült a szó a diszlexiások jövőjéről és ott Marcsi néni szájából elhangzott: „Nem engedném pedagógusi, gyógypedagógusi pályára, aki diszlexiás-diszgráfiás". Ezután már ketten rettegtünk Szamantával, hogy elvégezhetjük-e ezt a szakot, valaha lesz-e diploma a kezünkben, és valaha csinálhatjuk-e, amit szeretnénk: a sorstársainknak segíteni.

Ennélfogva még jobban törekedtem a maximalizmusra, mindenből ötöst akartam, meg akartam mutatni a világnak, hogy igenis nekem ez sikerül, és nem is akárhogy. Nem sokáig maradt titokban hogy diszlexiás vagyok: ahogy egyre több csoporttársamban megbíztam és elmondtam nekik, úgy terjedt, ahogy illik. Ez addig ment, hogy a logopédiások egyszer megkérdezték az őket tanító egyik tanárt, mit gondol erről. Ő is csak lehidalt, hogy van köztünk diszlexiás. Abban a félévben volt is vele nekünk is óránk, a hallássérültek pedagógiájába való bevezetés. Sosem felejtem el, ZH-t írtunk nála, az enyém négyes lett, de mint mindig, javítani akartam. Meg is adta a lehetőséget többünknek is. Bent fogott három dolgozatot, közülük az egyik az enyém volt.

Amikor mentünk szóbelizni, akkor elárulta: azért fogta bent ezt a hármat, mert nem tudta eldönteni, melyik lehet a diszlexiás hallgatóé és kíváncsi volt. Mivel egyesével hívott be minket, ezért letagadtam, hogy az enyém lenne, azzal magyaráztam a hibákat, hogy ha bepánikolok, gyorsan írok és helytelenül. Hogy a többiek mit mondtak, mit nem, nem is érdekelt. Mivel jól válaszoltam a kérdésekre, ezért megkaptam az ötöst és menekültem. Újból bebizonyosodott számomra, hogy igen, ezt szégyellni kell, és titokban kell tartani.

Egyszer a tanszékvezetőnél vizsgáztunk szóban, de kidolgozhattuk a tételt. Ránézett a lapomra és csak annyit mondott: „Ráütök a kezére. Vigyázni kell az ékezetekre, amikor ír, még akkor is, ha magának írja, hisz' ön egy pedagógus lesz". Ez is csak azt erősítette meg bennem, hogy újból azt mondjam, nem szabad tudnia senkinek sem róla.

Közben megismerkedtem életem úgymond egyik legnagyobb szerelmével, Miskával, aki a gazdasági karra járt. Egy buliban ismerkedtünk meg és lettünk egy pár. Mit is mondhatnék a kapcsolatunkról? Most már, visszagondolva, szép volt, jó volt, első, nagy, igazi szerelem volt, de a szakítás és annak árnyoldalai a mai napig fájnak. Miska nagyon jól tudott fogalmazni, remek helyesírása volt, hisz' az anyukája, Elvira, logopédus volt. Ő a szobatársamnak – aki ekkor már Kinga volt, a legeslegjobb barátnőm, akinek köszönhetően ma gyógypedagógus vagyok – volt a gyakorlatvezetője.

Miska apukája informatikatanár volt, így a szerkesztéshez is nagyon jól értett. Segített nekem a beadandókban és a szakdolgozatomban, amire külön fejezetet szentelek. Elvira nénivel látszólag nagyon jól kijöttem, sok mindenről beszélgettünk. Egyszer így beszélgetés közben szóba került, mivel ő minden tanárral elég jó kapcsolatot ápolt, hogy a csoportunkban van egy diszlexiás-diszgráfiás egyetemista, aki majd gyógypedagógus lesz, és milyen szégyen, ő ezt sosem engedné. Hát gondolhatjátok, hallgattam mélyen és összetörtem, tudtam, sosem leszek így elég jó a fiának. Miska tudta, mi a problémám, nem tudtam, hogy mondta-e az édesanyjának, vagy ez csak valami trükk volt, de hallgattam és csak belülről mart, hogy én soha nem leszek jó gyógypedagógus.

A negyedik évvégére nagyon jóba lettem Hőssel, aki egy csoporttársam volt, az ő története egy külön könyvet igényelne. Ő volt az, aki hihetetlen pozitivitásával minden embernek visszaadta a reményt. Ő volt, aki segített mindenkinek, amikor neki is nagy segítségre volt szüksége.

SZAKDOLGOZAT

Egy szakdolgozat megírása nem egyszerű, aki egyetemista, tudja ezt. Annyi mindenre kell figyelni, és az ember szeretné tökéletesre. Nekem szerencsém volt; a lehető legjobb konzulenst választottam, Katit. Mindenben segített, a végére neki is egyértelmű lett a problémám, mivel küzdök, de ő volt az egyetlen, aki nem ítélt meg, hanem mivel az első diplomája magyarszakos volt, így sok mindent bejelölt, hogy mit kell javítani. A diplomamunkámban Kinga segített folyamatosan: olvasta és javította velem a dolgokat, és Miska, ő szerkesztette nekem, ő csinálta a diagramokat. Ez a kapcsolatunk végét is jelentette egyben. Mint maximalista nőnek, fontos volt, hogy minden időben és lehető legjobban készüljön el. Miska, mivel jól szerkesztett a gépen, ezért ezt rábíztam, plusz ő is fogalmazott át dolgokat a szakdolgozatomban, ami szerinte túl puritán volt. Megkértem, hogy csináljon nekem két diagramot, amikor már szinte az összes kész volt, mert kérte a konzulens. Neki két hétig nem sikerült megcsinálnia: hol a haverokkal ivott, hol ez, hol az volt. Mondani sem kell, hogy erre végképp kiakadtam. Közben a zárótanításom sem sikerült ötösre, amit nagyon-nagyon sajnáltam, mivel úgy gondoltam, ez az, ami nekem a véremben van. Teljesen összetörtem, sírtam, hogyhogy négyest kaptam, és akkor született meg életem legjobb döntése: külön kértem, hogy megismételhessem a zárótanítást, mert nem vagyok megelégedve a jegyemmel. Ha az, akinek nem sikerül, tehet újat, akkor én is. A gyakorlatvezetőm is egyetértett ezzel, mivel ismerte a tanítási stílusomat és tudta, hogy bennem igenis több van. Így egy új bizottságnál, akik nem tudták, hogy egyszer már zárótanítottam, tettem egy új zárótanítást.

Életem órája volt; minden előkészítve, gyönyörű eszközök, remek gyerekek és nagyon féltem, féltem a kudarctól, de úgy döntöttem, megmutatom, mi van bennem. Nagyon jól sikerült az óra, tényleg, ahogy a nagykönyvben meg van írva. Mondhatni ha van olyan, akkor az egy tökéletes óra volt. Az értékelésnél sírtam, mert olyan jókat mondtak. Elhangzott az a mondat, amit sosem felejtek: „Úgy beszélt a gyerekekkel, amit tanítani nem lehet, ehhez belső érzék kell, és önben megvan, gratulálok".

A gyakorlatvezetőmnek is megköszöntem, hogy hitt bennem és kijárta az újabb lehetőséget számomra. Ekkor még egy tanulságot kaptam az egész életemre, ami így hangzik: Sose felejtsd el, egy órát negyven év tapasztalattal is el lehet rontani és megtarthatod életed legrosszabb óráját, de negyven év tapasztalat után is tarthatsz olyan jó órát, amilyet életedben még soha.

A második zárótanításnál már nem alkottunk egy párt Miskával, mivel a diagramos ügy miatt olyan veszekedés robbant ki köztünk, hogy nehezen, de elvált életünk. Ez a beadás előtt két héttel történt. Össze voltam törve a rossz zárótanítás miatt, ez még mellé olyan depresszióba lökött, hogy a gyakorlatomat egy hétre felfüggesztve haza kellett mennem az egyetemről, mert nem voltam képes enni-inni, csak feküdtem, már a kiszáradás szélén voltam. Ebből a helyzetből Mesterem rángatott ki, aki újból rávezetett a spirituális útra, de ennek a könyvnek nem ez a fő profilja. Másrészt a családom, amely egész életemben mindig ott állt mellettem, valamint két barátnőm, akik nem hagytak el – Kinga és Hős –, ők voltak azok, akik erőt adtak és rávilágítottak arra, mennyit is érek. Ezúton is köszönöm nektek, hogy a sötétségben se hagytatok el, és mindig számíthattam rátok.

Elérkezett a szakdolgozat beadása. Végül én szerkesztettem meg a diagramokat, és képzeljétek, amiket Miska átírt a szakdolgozatomban, azokat a kifejezéseket kellett utolsó héten barátnőm, Kinga segítségével kicserélni, mert a konzulensemnek nem tetszettek. Mikor kinyomtattam a szakdolgozatomat, ott állt már bekötve és le kellett vinni leadni, belém nyilallt az érzés, ez nem is az enyém, nem adom le. Még szerencse, hogy Kinga ezt nem engedte, és Hős is elkísért leadni a szakdolgozatomat, megerősítve bennem azt, hogy igenis ez az én szellemi termékem, én küzdöttem meg érte, életem egyik legnagyobb küzdelme volt.

A saját magam kishitűségét kellett legyőznöm, hogy miért is ne sikerülne. Rettegtem a szívem mélyén, hogy nem fog megfelelni. Amikor kiderült, ki lesz az opponens, akkor a maradék önbizalmam is összeomlott: a logopédiai tanszékről egy olyan ember, aki a maga volt a nyelvhelyesség, és az egyik legszigorúbb tanár volt. Mikor megnyitottam a bírálatot, remegett a gyomrom, minden bajom volt, hisz' előtte már elkönyveltem: ez jó nem lehet. Lássatok csodát – vagy nem is csoda –, ötös lett a szakdolgozatom, egyetlen egy pontot veszítve. Akkor ugrott ki a szívem az örömtől, hogy megcsináltam, és nem is akárhogy, nem vagyok én olyan hülye.

ÁLLAMVIZSGA

Mint mindenki, izgultam, éjjel-nappal tanultam és próbáltam minél többet megtanulni a rengeteg anyagból, hiába tudjuk, hogy lehetetlenség mindent megtanulni. Mesteremnek köszönhetően már rég megtanultam egy technikát, amelyet azóta is használok és próbálok minél több embernek megtanítani: a gondolattérkép, amelyet utána a pedagógiai tanulmányaim között is tanultam, de azért nem véletlen, hogy először Mesteremtől hallottam. Nagyon sokat segített a tanulásban. Ez egy térkép az összefüggésekről, amelyekre általában kíváncsiak a tanárok. Nem csak diszlexiás gyerekeknek jó, bármilyen tanulónak, tehát kedves olvasó, ajánlom, hogy nézz utána, mi is ez.

Az államvizsgán nem különösebben jó tételt, de számomra szerencséset húztam: a gyógypedagógiai iskolarendszer kialakulása és fejlődése. Szépen, összefüggően elmondtam a kis vázlatomat, ami az agyamban volt, majd kérdeztek párat és kiengedtek. Olyan hirtelen zajlott le az egész, hogy szinte hihetetlen volt. Túl voltam rajta, már csak az eredményre kellett várni. Nagyon jó eredmények születtek, mivel egy jó tanulócsoportunk volt. Sokan kaptak ötöst, így meg is lepte őket az, ami minket is: a kitüntetéses diploma nem jár mindenkinek.

A kitüntetéses diploma

Kingával egyik szemünk sírt, a másik nevetett a diplomaosztó napján. Egyrészt, hogy el kell válnunk és nincs több önfeledt egyetemista év, ami miatt szomorúak voltunk, másrészt nagyon boldogok, hogy eljött maga ez a nap. Mentünk be a terembe és furcsa volt, hogy mi az első sorban ülünk egymás mellett, pirossal van odaírva a nevünk, és még két, számunkra ismeretlen név van mellettünk. Én tudtam előre, hogy a diplomám kitüntetéses lesz, mert a TO-on valamit elszámoltak a kreditekkel a specializáció miatt, amit végeztem, és úgy volt, fizetnem kell. Ekkor megsúgta a TO-os néni, hogy nem is akármilyen diplomát veszek át. De többen hitték ezt az évfolyamon a csoporttársaink közül, mivel mind a három jegyük ötös lett. De mivel nálunk pont nem volt szigorlat, így a négy éves átlag számított, és akinek a legmagasabb volt, az kaphatta meg egy szakon a kitüntetéses diplomát. Lehet véletlen – vagy mégsem? –, hogy nekünk Kingával ugyanolyan volt az átlagunk, teljesen egyforma, 4,92 a négy év alatt. Így hát meglepően csak mi négyen kaptunk – a csoportunkból meg csak mi ketten – kitüntetéses diplomát.

Azt az élményt sosem fogom elfejteni, amikor külön kihívtak, csak minket, négyünket a 322 diplomás közül; csak minket ünnepeltek, és külön virágot is kaptunk. Majd utána még a jó tanulmányi eredményemért is kaptam könyvutalványt. Életem egyik legszebb napja volt, Kingával osztoztunk az örömben. Ez volt a tanulási pályafutásom csúcsa. Azt mondják, a csúcson kell abbahagyni; lehet, ott is kellett volna, hiszen ezek után csak a csalódások jöttek egy olyan helyen, ahol a lelkem legutolsó darabja sem számított volna rá.

MUNKAKERESÉS, MESTERKÉPZÉS

Nagyon nem kellett munkát keresnem, mert ahova jártam gyakorlatra, fel is vettek: Kalap község speciális intézményének óvodájába, amely igen nagy kihívás volt számomra kezdő gyógypedagógusként. Egy nagyon aranyos, kedves, csupaszív és pörgős dajkám volt, aki nagyon sok mindenben tudott segíteni nekem, egy csapatként vezettük az új óvodát, amely velem költözött új helyre; a volt gondnoki lakás lett átalakítva erre a célra.

Ha most visszagondolok az első évemre, szakmailag nagyon nehéz volt, de imádtam minden percét. Igen összetett csoportunk volt, kicsi volt a hely, és nem volt tapasztalom, amit éreztem, úgy tettem. Sok álmunk volt, amelyekből kisebbek-nagyobbak meg is valósultak. Közben jártam a mesterképzésre, amely már nem volt olyan kedvező, sőt nehéz volt. Nagyon sok helyen várták el tőlünk, hogy angol nyelvű szakcikket fordítsunk, vagy épp ilyen tartalmú cikkeket építsünk be dolgozatainkba, szakdolgozatainkba. Ez számomra nagyon nehéz volt, hiszen mivel diszes vagyok, nehezen mennek a nyelvek, és az angollal amúgy is hadilábon álltam. Ezeket a feladatokat csak külső segítséggel sikerült megoldanom, és így is sokszor vért izzadtam.

Milyen volt a „fellegvárba" járni? Szinte minden pillanatát utáltam, nem szerettem, egyre több és több tanár alázott meg minket, akár a földig, és mi tűrtünk, teljesen csendben. És még mindig tűröm, csak más képzésben.

A legdurvábbat, amire ha visszagondolok, és a mai napig sírok, leírom nektek. Engem életemben úgy nem aláztak meg, mint akkor. Egy idős hölgynél volt a vizsga, aki anno ennek az egész intézménynek a fő vezetője volt. Szóbeli vizsga volt nála, és sajnos – mint az öregek nagy részére jellemző – kicsit nagyot hallanak és az önérzetük is nagy. Az egyik mondatomat félrehallotta, és amikor próbáltam elmagyarázni gondolataimat, akkor azt mondta, ne magyarázkodjak, ő pontosan értette. Ha ezzel megállt volna a történet, talán még meg sem sértődöm.

De nem, ő folytatta. Megkérdezte, hol végeztem, mert – mondván, ilyen megfogalmazással – biztosan nem itt, hát elmondtam, hogy Otthon községben végeztem. Én a mai napig büszke vagyok rá. Akkor az egész intézményt elkezdte szidni és hozzátette, hogy ott nem szabadna gyógypedagógusképzést végezni, és a diplomámat, amelyet nem is látott, vissza kéne adnom, és sajnálja a gyerekeket, akiket ezzel a tudással tanítok. Igen, ezt egy mondat miatt, amit mellesleg félrehallott.

A mai napig nem tudom, hogy bírtam ki sírás nélkül, mert ez a lelkem mélyéig hatolt. Csoportos vizsga volt, a mellettem lévő két hölgyet nem ismertem, de szólni nem mertek semmit. Végül kijöttem valahogy egy hármassal, a másik két hölgy ötöst kapott. Amikor kijöttünk és beszálltunk a liftbe, én még teljes sokkhatásban, mindketten azt mondták, hogy ez nagyon igazságtalan volt. Ők hallották, mit mondotam, de sajnos ismerik, ő ilyen, és ezt már több hallgatóval megcsinálta. Több mint valószínű, hogy ez a tanárnő már nem is emlékszik rám, a nevemet se tudja, de bennem egy egész életre megmarad ez a jelenet és fájnak a szavai.

Ekkor tanultam meg, hogy nekünk, tanároknak, gyógypedagógusoknak, óvodapedagógusoknak mekkora nagy felelősségünk van, amikor a ránk bízott gyerekeket oktatjuk, tanítjuk, neveljük. Ők egy hangosabb szót, egy odaszúrt félmondatot akár egész életükben teherként és fájó emlékként fognak cipelni, mi meg már a nevükre sem emlékszünk majd. Gyógypedagógus társaim, ne tegyük ezt a gyerekkel, ne legyünk ilyenek, belőlünk – bármilyen nehéz is – mindig a szeretetnek kell szólnia.

Ahogy mondom, sajnos még vagy ezer hasonló vagy ilyen történetet elmesélhetnék, ami velem vagy csoporttársaimmal történt meg. Hogy miért nem kerülnek napvilágra? Mert kezükben a hatalom, és rájuk vagyunk kényszerülve. Most szeretnék hozzátok szólni, sorstársaim – diszesek, diszkalkuliások –, hogy igenis el tudtok végezni egyetemet, igenis okosak vagytok, ha rosszul fogalmaztok valamit, ne keseredjetek el, küzdjetek az utolsó utolsó erőtökig, mert a tanulás meg fogja hozni a gyümölcsét. Nem adtam fel, még az ilyen emberek kritikáitól sem, sőt csak azért is megmutattam, és mára elvégeztem ezt a képzést is, nem is rossz eredménnyel: a szakdolgozatom ötös lett, az államvizsgám hármas. Ne adjátok fel az álmaitokat!

A MÁSODIK SZAKDOLGOZAT

Ahogy említtettem, ötös lett. Mondhatjátok, „de jó, milyen könynyű lehetett neked, hisz' ez már a második volt". Nos, a történet ott kezdődött, hogy szerettem volna az alap szakdolgozatom témáját folytatni. Amit nem tudtam: senki nem vállalta; amíg kerestem a megfelelő embert, minden tanár teli lett hallgatókkal. Kétségbe voltam esve. Hogyan írok így szakdolgozatot, hogy nincs témavezető tanárom? Odamentem ahhoz a tanárhoz, aki a szakfelelősünk volt és elég nagy tekintély az egyetemen. Ő ajánlotta egy kollégáját és biztatott, írjak neki egy e-mailt, hogy ő ajánl. Így elvállalt, de hát ő is teljesen tele volt. Mondanom sem kell, sokat nem segített, egyszer láttam félórára. Éreztem, ez így nem lesz jó, hát megkerestem a volt konzulensemet, Katit, aki hála istennek mindenben segített. Este kilencre mentem hozzá konzultálni a volt egyetememre, de készségesen fogadott.

Végigkísérte munkámat. A beadás előtti napon végül a konzulensem is reagált a nem tudom, hány ezer email-re. Attól, amit visszaírt, a hajamat téptem, de ezt szó szerint vegyétek. Másfél napom volt átjavítani, beköttetni és leadni. Megcsináltam, ezt is megcsináltam, de ehhez kellett a családom, a barátnőm, Kinga, és a dajkám az oviban, aki lefoglalta a gyerekeket, amíg utolsó nap még a munkahelyen is javítottam a szakdolgozatomat. És akkor majdnem elfejtettem, hogy a szakdolgozatom védése és a minősítésem között nem volt egy hét sem.

Végül ötöst kaptam a szakdolgozatomra, de hát ez sem volt egyszerű; mind a konzulens, mind a bíráló ötöst ajánlott. Ilyenkor külön van a védés. A védésen bent volt egy akkor még számomra ismeretlen tanár, aki fogta a szakdolgozatomat és beleolvasott. Az egyik cím nem tetszett neki, és belekötött, hát miért is ne? Itt hasonló dolgokat csinálnak. Majd mikor visszahívtak elmondani az eredményt, gratuláció közben is fűzött még egy jó kis megjegyzést az egészhez, tehát hiába kaptam ötöst, az a megjegyzés mindig ott marad.

ÁLLAMVIZSGA

Itt sokkal jobban izgultam, mint az elsőnél, főleg a szakdolgozatvédés után. Együtt tanultunk a könyvtárban a csoporttársakkal, próbáltuk felmondani a tételeket. Igaz, hogy csak tizenöt volt, de nagyon nehezek. Itt nem volt olyan szerencsém, mint az első államvizsgámnál; sajnos nem jó tételt húztam, ami a várt eredményt is hozta: hármast kaptam. Azért ehhez is hozzátennék egy kis érdekességet, hogy most államvizsgázott egy kolléganőm, csak a tételcímet mondta, és megmondtam, hármast kapott, és így is volt. Igen, megvannak azok a tételek, amiből a hármas a legjobb jegy. Ez is ennek az egyetemnek az érdekessége, mondjuk úgy.

MINŐSÍTÉS

Közben elkezdtem dolgozni, ugyanis kell két év gyakorlati idő, mely után kötelező a minősítési vizsga letétele, ha tovább is tanítani akarunk. Ehhez egy portfoliót kell írni, ami megint írásos dolog, és ami egy diszes pedagógusnak elég nehéz. Plusz sajnos mondhatjuk, hogy felesleges papírmunka is. Nagyon sokat foglalkoztam vele, és így, a szakdolgozat mellett nehéz volt, de novemberben sikerült időre elkészítenem. Azt hittem, minden nyelvhelyességi hibát kijavítottam – hát nem. A mentorom szóvá tette, reméli, a helyesírás miatt nem dobják vissza, mert maradtak benne elütések. Mintha a szívembe kést mártottak volna, nem tudtam aludni. Itt sehol nem lehetett jelezni, hogy mellesleg az ember diszlexiás, az önéletrajzomba meg nem írtam bele. Sem az intézményigazgató, sem a mentorom nem tudja rólam, sőt csak egy-két kolléga, akiket azóta a bizalmamba fogadtam. Miért nem tudják? Nekem a legrosszabb ezt most ide leírni, de azért, mert szégyellem. A mai napig szégyellem ezt, s féltem, hogy ha elmondom az állásinterjún, nem fognak felvenni, kitüntetéses diploma ide vagy oda.

Még mindig nem tudom elfogadni és nem tudom magamévá tenni, hogy én diszlexiás vagyok, nem tudok helyesen írni, és nem tudok szépen fogalmazni.

Ironikus, nem? Épp egy könyvet írok nektek, hogy példát mutassak, bármit el lehet érni, közben a harmadik diplomámat csinálom, és még mindig nem tudom elfogadni és nem merem világgá kürtölni, hogy igenis diszlexiás vagyok, és büszke vagyok a sikereimre. Sokáig gondolkodtam ezen, miért van, és sajnos nem tudok mást mondani, mint hogy az oktatási rendszer miatt. A hideg integráció mellé a szégyenérzet társult, amikor először szembe kellett nézni a problémával és ez azóta is megmaradt. Ezért kérlek, pedagógustársam, aki olvasod ezt a könyvet, sose mond egy diszes gyereknek, hogy „Hülye vagy, szégyelld magad, megint hogy írtad, már ezerszer megbeszéltük", mert ő egész életében képes lesz szégyellni magát, bármennyi sikere is lesz.

Visszatérve a minősítésemre... Amikor végül kijöttek és megnézték az órámat, nagyon pozitívan vélekedtek, és ott végül dicséretet kaptam. Azért a minősítésnél elmondanám, hogy kaptam az iskolában két habilitációs órát, mivel a végzetségem szerint az oviban nem dolgozhattam volna, ezért hogy a minősítésbe ne kössenek bele, így oldottuk meg. Nagyon nehéz volt, hisz' a gyereket csak heti egyszer láttam, de a mentorom segített, és az osztályfőnökök is, hogy sikeres minősítő vizsgát tegyek. Erre a mai napig jó visszagondolni. Az értékelés összességében kicsit gyengébb lett, mint vártam. Akkor nagyon nehezen éltem meg, de most már tudom, mindig van hova fejlődni.

MI IHLETTE A KÖNYVET?

Miért is írtam meg ezt a könyvet? Ahogy az előszóban láthattátok, egy szerelmi bánat, egy szerelem ébresztett rá, hogy igen, ezt meg kell írnom. Ott még harag dúlt bennem, de nem cserélem ki, mert tudom, akkor ez kellett, hogy megírjam ezt a könyvet. Az akkori barátom nem tudta elfogadni, hogy miért foglalkozom fogyatékos gyerekekkel, ez engem hogy tehet boldoggá és úgy látta, nincs életcélom. Mindig azt mondogatta: lehetnék sima óvodapedagógus is. Hiába mondtam, hogy nem, mert nem engedik, azt felelte, ne adjam be a jelentkezéshez, hogy diszes vagyok. Nincs is nyelvvizsgám – vitatkoztam. Majd lesz – jött a válasz.

Annyira belém beszélte ezt, hogy volt, amikor el is gondolkoztam rajta, meg azon is, hogy másik munkahelyre megyek. Majdnem otthagytam a gyermekeimet – mert ők azok; akikkel dolgozom, egytől egyig a gyermekeim. Miután a kapcsolatunk véget ért, akkor rájöttem, hogy igenis van életcélom. Jelentkeztem hát képzésre, hogy autista gyermekeket is taníthassak, hiszen az oviban sokan voltak, és nagyon megszerettem őket. Eszembe jutott az is, amit az államvizsga után elsőként fogadtam meg magamnak, ám még nem tettem érte semmit: hogy a diszeseknek fogok segíteni, az magamhoz hasonlók érdekeit képviselni, de ehhez sajnos még gyenge vagyok. Nem merek visszamenni az integrációba dolgozni, nem merek, annyi indulat és düh van bennem. Látom, hogy nem jó, hogy nem tudok még ott segíteni nektek, de szeretnék.

Ám amíg én nem merem felvállalni, hogy igen, én is diszes vagyok, nem tudok nektek segíteni. Ezért írtam ezt a könyvet: tudjátok, nem vagytok egyedül, tudjátok, lehettek így is okos, képzett emberek, szerethetitek a munkátokat így is. Én még nem vagyok képes, de nem hagylak titeket cserben. Meg fogom találni a módját, hogyan segíthetek nektek; remélem, ez a könyv arra legalább jó volt, hogy egy kis lelki támaszt kapja-

tok, hogy sokan vagyunk, sok az okos ember, és most már jobb
egy kicsit a rendszer, mint mikor én végeztem. Remélem, pár
éven belül találkozni fogunk fórumokon, mindenhol, ahol se-
gítséget kértek.

UTÓSZÓ

Köszönöm, ha elolvastad a könyvemet. Több mint két évig készült, sok mindent szerettem volna még beleírni, végül azért döntöttem így, hogy megmaradjon a remény, mert remény nélkül nincs holnapja az oktatási rendszernek!

Sorstársaim, előre, hajrá, tűzön-vízen át, mert képesek vagytok rá!

Pedagógustársaim, ha elolvastátok, remélem, tanultatok a leírt hibákból és nem követitek el ti is tanítványaitoknál azokat. Ha már csak egy ilyen pedagógus van, aki ezek után másképp nézz ránk vagy az oktatásra, már elértem célom! Köszönöm!

Köszönöm neked, István, hogy végig támogattál és rágtad a fülem, hogy írjam meg ezt a könyvet, és hogy te mindenképp kerülj bele. A te történetedet direkt a végére szántam, előkelő, jó zárásként.

Istvánnal együtt dolgoztunk diákmelósként. Pincérnek tanult diszkalkuliásként, az öltözőben sokszor voltunk együtt. Mindig sokat röhögtünk – mert pénzt is kellett visszaadnia –, hogy a diszes meg a diszkalkuliás jó páros: én félreolvastam, kinek adjuk vissza, ő meg elszámolta magát, de valahogy mindig stimmeltünk.

István is középiskolás volt már, amikor kiderült róla és elküldték vizsgálatra. Először nem akarták megadni neki a matekérettségi alól a felmentést, mondván, hogy már középiskolás, és így nem jár. Végül megkapta, és sikeresen elvégezte a pincérképzést, vendéglátóst, ahol azért nem árt, ha az ember tud számolni. Gondolt egyet, és nulla nyelvtudással kiment külföldre, most ott boldogul – nagyon is jól! Nem ismerek olyan embert, aki nála jobban be tudná osztani a pénzét: figyeli az akciókat, lassan, fejben számolja át, az mennyi is magyar forintban, mit hol érdemes megvenni, hisz' a napokban intézte a saját házának megvételét! Lehet így is, nem kell mindenkinek diploma,

elég, ha rátermett vagy és van egy jó szakmád, amiben örömö-
det leled, és meghozza a sok munka a gyümölcsét!

Nagyon büszke vagyok rád, és köszönöm a támogatásodat!

Itt a történet vége, vagy talán valami újnak a kezdete.

Remélem, egy újnak a kezdete!

A harmadik diplomám is megszereztem közbe jeles ered-
ménnyel, sosincs lehetlen!

Értékelje ezt a könyvet honlapunkon!

www.novumpublishing.hu

A kiadó

Aki feladja,
hogy jobbá váljon,
feladta,
hogy jobb legyen!

E mottó alapján a novum publishing kiadó célja
az új kéziratok felkutatása, megjelentetése,
és szerzőik hosszútávú segítése. Az 1997-ben
alapított, többszörösen kitüntetett kiadó az egyik
legjelentősebb, újdonsült szerzőkre specializálódott
kiadónak számít többek között Ausztriában,
Németországban és Svájcban.

Valamennyi új kézirat rövid időn belül egy
ingyenes, kötelezettségek nélküli kiadói
véleményezésen esik át.

További információkat a kiadóról és
a könyvekről az alábbi oldalon talál:

www.novumpublishing.hu